신학·성례·교회 정치 체제를 중심으로

기독교 교파 한눈에 보기

신학·성례·교회 정치 체제를 중심으로
기독교 교파 한눈에 보기
전희준 지음

초판 1쇄 발행	2020년 11월 25일
초판 5쇄 발행	2024년 9월 30일

발행처	도서출판 이레서원
발행인	문영이
출판신고	2005년 9월 13일 제2015-000099호

기획·마케팅	신창윤
편집	송혜숙
총무	곽현자

경기도 고양시 일산동구 백석로71번길 46, 1층 1호
Tel. 02)402-3238, 406-3273 / Fax. 02)401-3387
E-mail: Jireh@changjisa.com
SNS: facebook.com/jirehpub

책값은 표지에 있습니다.

ISBN 978-89-7435-550-0 03230

이 도서의 국립중앙도서관 출판예정도서목록(CIP)은 서지정보유통지원시스템 홈페이지(http://seoji.nl.go.kr)와 국가자료공동목록시스템(http://www.nl.go.kr/kolisnet)에서 이용하실 수 있습니다.

신학 · 성례 · 교회 정치 체제를 중심으로

기독교 교파 한눈에 보기

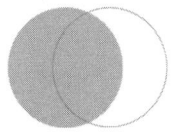

전희준 지음

이레서원

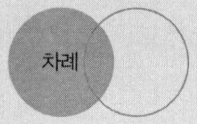

추천사　007
저자 서문　010

I. 서론　013
1. 교파 공부의 유익　013
2. 교파와 교단 용어 정리　016
3. 내용 소개　017

II. 각 교파의 형성 과정 및 특징　019
1. 로마 가톨릭교회, 동방 정교회, 개신교　019
1) 로마 가톨릭교회, 동방 정교회, 개신교의 분열
　　동서 교회의 대분열
2) 로마 가톨릭교회와 동방 정교회의 공통점
　　이단 논의(1): 사도 신경과 니케아—콘스탄티노플 신조
3) 로마 가톨릭교회와 동방 정교회의 차이점
　　교황의 수위권과 관련한 세 교파의 마태복음 16:18 해석

2. 개신교　035
1) 루터교회
　　비텐베르크의 루터와 보름스의 루터
2) 장로교회
　　칼뱅의 파란만장한 목회
3) 성공회
　　영화 '천 일의 스캔들'과 '엘리자베스'

4) 침례교회
　　　　이단 논의(2): 재세례파
　　　　아미시 마을을 소개합니다
　　5) 감리교회
　　　　존 웨슬리와 찰스 웨슬리의 회심
　　6) 성결교회
　　　　피비 파머의 제단 신학과 찰스 피니의 새로운 방법들
　　7) 오순절 교회
　　　　방언의 은사에 관한 다양한 관점
　　8) 구세군

III. 주요 교리 비교　　　　　　　　　　　　　　　　　079
1. 기본 신학　　　　　　　　　　　　　　　　　　080
　　1) 개혁주의와 루터주의: 장로교회, 루터교회
　　　　종교 개혁 이전의 개혁가들
　　2) 웨슬리주의: 감리교회, 성결교회, 오순절 교회, 구세군
　　3) 개혁주의와 웨슬리주의
　　　　이단 논의(3): 아르미니우스주의의 후예들
　　4) 공존형: 침례교회, 성공회
　　　　(1) 침례교회
　　　　(2) 성공회

2. 성례　　　　　　　　　　　　　　　　　　　　093
　　1) 성례 개요
　　2) 세례(침례)
　　　　(1) 세례의 효과
　　　　(2) 세례의 방법
　　　　(3) 유아 세례에 대한 입장
　　　　　　초대 교회 세례 교육

3) 성찬
　　　(1) 화체설: 로마 가톨릭교회, 동방 정교회
　　　(2) 공재설(실재설): 루터교회
　　　(3) 상징설: 침례교회
　　　　　마르부르크 회담 결렬
　　　(4) 영적 임재설: 장로교회, 성공회, 감리교회, 성결교회, 오순절 교회

3. 교회 정치 체제   114
　1) 감독 정치
　　　(1) 로마 가톨릭교회
　　　(2) 동방 정교회
　　　(3) 성공회
　　　(4) 감리교회
　　　(5) 구세군
　2) 회중 정치
　　　(1) 침례교회
　　　　　조너선 에드워즈의 노샘프턴 회중 교회
　3) 장로 정치
　　　(1) 장로교회
　　　(2) 성결교회
　4) 혼합형
　　　(1) 루터교회
　　　(2) 오순절 교회

Ⅳ. 결론   131
　1. 내용 요약   131
　2. 교파 공부 시 유의 사항   135

　교파별 주요 사건 연대표　138
　참고 문헌　141

추천사

"하나님은 한 분이라면서 교회는 왜 그렇게 수많은 교파와 교단으로 나뉜 거야?" 이런 질문에 술술 답해 주기란 참으로 어렵다. 내용이 간단하지 않고, 사실 우리 자신도 교파 분열의 배경이나 이유를 잘 모르기 때문이다. 이 부분을 잘 알고 싶다면 이 책을 꼭 읽어 보기를 권한다. 복잡하거나 어렵지 않고 그렇다고 피상적이거나 단편적이지도 않다. 각 교단의 특징과 차이점을 확실하게 알게 될 것이다. 그리고 지식을 얻는 것에 그치지 않고 기독교 신앙의 부요함과 풍성함을 누리게 되는 계기가 되리라 확신한다.

김관성_ 행신침례교회 담임 목사

개신교 내에 교파가 많다는 것은 종교 개혁이 끊임없이 일어났다는 역사적 증거이다. 대부분의 교파는 성령의 이끌림을 따라 교회를 개혁하려는 노력의 결과로 생겨났다. 자신이 속한 교파의 탄생 배경과 그 교리적 특징을 아는 것은 매우 중요하다. 그 전통을 더 잘 이해할 수 있고 다른 교파의 전통도 존중할 수 있기 때문이다. 이 책은 이러한 필요성에서 나온 연구의 결실이다. 각 교파 전통의 핵심만을 전하려는 정성과 모든 교파 전통에 대한 존경심이 느껴지기에 더욱 신뢰가 간다. 한국 교회에서 귀하게 쓰임받을 책이다.

김영봉_ 와싱톤사귐의교회 담임 목사

여러 교파와 신앙 전통에 대한 그리스도인의 무지나 무관심은 '거룩한 공교회'를 믿는다는 고백에 어긋난다. 이 안타까운 상황을 『기독교 교파 한눈에 보기』가 말끔히 해결해 줄 것이다. 이 책에서는 각 교파의 기원과 교리적 독특성을 일목요연하게 정리해 준다. 그리고 우리가 잘 모르고 있었거나 등한히 했던 역사적 상황과 신학적 논점, 사상적 연관성 등을 일깨워 준다. 신학생들과 목회자들의 자기 점검뿐 아니라 평신도 지도자들의 교육에도 유용한 자료이다. 독자들이 세계 교회에 대한 이해를 높이고 더욱 심도 있는 신앙 고백을 할 수 있도록 도와줄 것이다.

송인규_ 한국교회탐구센터 소장, 전 합동신학대학원대학교 조직신학 교수

족보를 살펴보며 가문의 역사와 정체성을 발견하듯이, 독자는 『기독교 교파 한눈에 보기』를 통해 자신이 속한 교회 공동체의 역사적 기원과 정체성을 알 수 있다. 저자 전희준 박사는 재능이 참 많은 분이다. 이 책에는 복잡한 기독교 역사와 어려운 신학, 그리고 자칫 예민할 수 있는 주제들을 쉽고 재미있게 풀어내는 저자의 은사가 잘 반영되어 있다. 내 교회뿐 아니라 가깝고도 먼 이웃 교회들의 역사와 특징을 알고 싶은 이들에게 큰 도움이 될 것이다. 개인적으로는 물론 여럿이 함께 읽고 토론하는 교재로도 적극 추천한다.

안상혁_ 합동신학대학원대학교 교회사 교수

신앙생활을 오래 하다 보면 자연스럽게 교파나 교단에 대해 여러 의문이 생긴다. 하지만 이 의문을 속 시원히 해결할 답을 얻기가 쉽지 않은데, 이러한 주제를 다루는 책이 의외로 드물기 때문이다. 이 책에서는 간단명료하게 이 주제를 잘 정리해 놓아서, 교파들이 왜 생겼는지, 각 교파의 차이점과 공통점이 무엇인지 쉽게 알 수 있다.

이성호_ 고려신학대학원 교회사 교수

이 책은 성도들과 신학생들을 위한 친절한 교단 이해 가이드북으로, 교단이 무엇인지, 왜 여러 교단이 생겨났는지를 잘 설명해 준다. 특히 종교개혁의 관점에서 각 교파를 어떻게 이해해야 하는지 신학적인 해석을 잘 곁들여서 제시해 준다. 교회와 학교에서 기독교 신앙을 가르치고 연구하면서 성도들과 신학생들이 무엇을 궁금해하며, 무엇을 잘 모르는지 정확히 파악하여 정리한 전희준 박사의 이 책은 한국 교회를 위한 선물이다.

이승구_ 합동신학대학원대학교 조직신학 교수

저자 서문

신학교에서 강의하고 있을 때 어느 분이 찾아와 고민을 털어놓은 적이 있었습니다. 그분이 출석하는 교회에서 그분의 신학이 잘못되었다고 지적했답니다. 자신이 이단이라는 말을 듣고 절망하다가 신학교에서 확실하게 확인하고 싶어서 오신 것이었습니다. 대화를 하다 보니 그분은 장로교회에 다니셨는데 그분의 신학은 감리교에 가까웠습니다. 그래서 그분에게 존 웨슬리의 책을 읽어 보라고 추천해 드렸습니다. 후에 그분이 웨슬리의 신학이 자신이 생각하는 바와 일치한다고 하시면서, 자신이 이단이 아니어서 얼마나 기쁜지 모른다고 알려 왔습니다.

대다수의 신학교에서는 그 신학교가 속해 있는 교파의 신학을 위주로 가르칩니다. 그래서 학생들은 다른 교파의 신학과 교회의 모습에 대해서는 약간의 지식만을 가진 채로, 혹은 잘못된 이해를 가진 채로 목회를 시작하게 됩니다. 물론 졸업 후에도 개인이 시간을 들여 다른 교단에 대해 공부할 수는 있습니다. 하지만 쉽지 않습니다. 각 교파의 공통점과 차이점을 가르쳐 주는 기관이나 서적이 거의 없기 때문입니다. 어쩌면 큰 문제 의식 없이 지내기도 합니다. 문제를 만나기 전까지는 말입니다.

저는 각 교파의 특징과 차이점을 일목요연하게 설명하는 책이 없어서 아쉬웠습니다. 그리고 위에서 소개한 것과 비슷한 일들을 여러 차례 겪으면서, 신학생뿐 아니라 일반 교인들을 위해서도 이러한 내용을 다루는 책이 꼭 필요하다는 생각이 들었습니다.

본 책은 크게 두 가지 내용으로 기독교 교파를 한눈에 볼 수 있도록 도와줍니다. 1부에서는 여러 교파, 교단의 형성을 역사적으로 설명하고, 각각의 특징을 간단하게 요약했습니다. 2부에서는 신학적 주제들을 중심으로 각 교파의 입장을 설명했습니다. 각 교파의 기본 신학(구원에 있어서 하나님의 주권과 인간의 책임과의 관계를 중심으로), 성례(세례와 성찬), 그리고 교회 정치 체제를 비교하고 분석했습니다. 신학생들은 이 책을 읽으면서 좀 더 깊은 공부에 바탕이 되는 사전 지식을 효율적으로 쌓게 될 것입니다. 일반 교인들은 각 교파에 대해 필요한 이해를 충분하게 갖추게 될 것입니다.

이 책이 17세기 '마르코 안토니오 드 도미니스'(Marco Antonio de Dominis) 대주교, 그리고 독일의 루터교 신학자 '루퍼투스 멜데니우스'(Rupertus Meldenius)가 말한 것으로 알려진 다음 격언을 실천하는 데 실질적인 도움이 되기를 소망합니다.

"본질적인 것에는 일치를, 비본질적인 것에는 자유를, 그리고 모든 것에 사랑을."

I

서론

1. 교파 공부의 유익

자신이 원하든 원하지 않든, 의식하든 의식하지 않든, 기독교 신앙을 갖는다는 것은 한 교파의 신앙 전통 안으로 들어가는 것을 의미한다. 물론 어느 신앙 전통이든지 기독교의 핵심 내용을 공유하고 있으므로, 자신이 속한 교파가 다른 교파와 어떻게 차이가 나는지 모르고도 신앙생활을 잘 해 나갈 수 있다. 그렇다면 왜 굳이 교파를 알아야 하는가? 신앙생활을 하다 보면, 교파들의 교집합에 해당되는 영역에만 항상 머물 수는 없다. 스스로의 신앙을 더 잘 이해하고 풍성한 복음의 유익을 얻기 위해서는 교파에 대한 기본적인 지식이 필요하다. 각 교파를 바르게 이해하면 다음과 같은 유익을 누릴 수 있다.

첫째, 교회의 특정 가르침이 우리 교파만의 독특한 전통인지 아닌지 구분할 수 있다. 예를 들어, 순복음 교회 신자가 사정이 생겨서 장로교회에 출석하게 되었다고 가정해 보자. 교파에 대한 이해가 전혀 없는 상태라면, 그의 눈에 비친 장로교회 성도들의 모습은 성령 세례를 받지 않은 상태처럼 보일 것이다. 혹은 장로교회에서 유아 세례를 받고 신앙생활을 하던 신자가 침례교회에 다니게 된다면, 그는 침례를 다시 받아야 할지 심각하게 고민할 수도 있다. 이러한 차이점을 중요시한다면 교회를 선택할 때 무엇보다 교파를 먼저 고려할 것이다.

둘째, 교파들 간의 교집합에 속하는 내용을 더욱 확신을 가지고 믿을 수 있다. 그리고 자신의 교파에 대해 더 유연한 태도를 취할 수 있다. 내가 속한 교파만 옳고 다른 교파는 잘못된 교리를 믿는다는 선입견을 가진 사람들이 있다.[1] 하지만 교파를 제대로 알면 자신이 속한 세계가 전부가 아님을 깨달을 수 있고, 더 건전하고 균형 있는 신앙생활을 할 수 있다.

셋째, 자신의 신앙 전통의 장점을 더 분명하게 이해하게 되고, 어떤 부분을 보완하면 좋을지 생각해 볼 수 있다. 예를 들어, 유아 세례를 시행하는 교회 전통 안에서 자랐다면 큰 고민 없이 자녀들

---

[1] 패커, 『알미니우스주의』, 16-17. 제임스 패커는 이 현실을 이렇게 표현한다. "여전히 몇몇 사람들은 자유주의자의 입술에서 나오는 '근본주의'라는 말처럼, '칼빈주의'와 '알미니우스주의'를 저주스러운 욕설인 양 내뱉는다. 그리고 만일 당신이 어느 한쪽을 지지한다면 다른 한쪽을 지지하는 사람으로부터 교제와 존경 모두를 잃을 수 있는 위험을 지니게 된다."

에게도 유아 세례를 받게 했을 것이다. 그런데 교파를 공부하면 유아 세례를 시행하지 않는 교회들도 있음을 알게 되고, 그러한 교회들의 주장도 듣게 된다. 그 교회들의 반론에도 불구하고 우리 교회에서는 왜 유아 세례를 시행하는지 공부하게 되고, 그러한 과정을 통해 유아 세례 전통의 소중함을 더 깊이 깨닫게 될 것이다. 그리고 유아 세례 시행의 반론에 유의하면서, 이후 '입교' 과정을 더 철저히 준비할 것이다. 유아 세례를 행하지 않는 교회라면 이렇게 교파의 차이점을 공부하는 과정을 통해 유아 세례 시행을 찬성하는 주장에 유의하면서 '헌아식'의 의미를 더 소중하게 여기게 될 것이다. 또 다른 예로, 한국 교회의 다수를 차지하는 장로교회 교인들은 교파 공부를 하게 되면 존 웨슬리의 신학을 따르는 교파가 생각보다 많다는 사실에 깜짝 놀랄지도 모른다. 나중에 더 자세하게 논의하겠지만, 일반적으로 장로교회가 따르는 개혁주의 신학은 웨슬리의 신학에 비해 하나님의 주권을 더 강조한다. 그래서 개혁주의 신학을 잘못 이해하면, 신앙에 있어 인간의 책임을 소홀하게 여길 위험성이 있다. 그럴 때 웨슬리의 신학을 따라 인간의 책임을 좀 더 강조하는 교파들을 공부하면 개혁주의 신학의 잘못된 적용에 대해 경각심을 가질 수 있다.

   결론적으로, 교파를 올바르게 이해하면 자신이 속한 신앙 전통을 더 깊이 이해할 수 있고, 겸손하게 자신의 신앙의 장단점을 점검하여 더 폭넓고 균형 잡힌 신앙으로 성장할 수 있다.

2. 교파와 교단 용어 정리

일반적으로 '교단'은 하나의 헌법이나 단일한 조직을 갖추고 대외적으로 법적 주체가 되는 단체를 가리킨다. 반면에, '교파'는 법적 주체는 아니지만, 같은 역사 전통과 여러 공통 요소들을 공유한 교단들을 모두 지칭한다.[2] 한마디로 교파가 교단보다 상위의 개념이다. 하지만 엄밀히 따지자면 둘 다 가리키는 대상이 고정되어 있지는 않다. 예를 들어, 감리교회는 하나의 교단으로 시작했기에 처음에는 '감리교'가 교단의 명칭이었다. 그런데 미국 감리교회가 1800년대 중반에 노예 문제 때문에 북감리교회와 남감리교회로 분열되어 각각 하나의 교단이 되었다. 그래서 이후부터 감리교는 두 개의 교단을 동시에 지칭하는 교파의 명칭으로 사용된다. 물론 모든 교파가 이러한 변천 과정을 거친 것은 아니다. '장로교'는 누군가가 하나의 교단을 설립하여 하나의 교단으로 시작되지 않았다. 종교 개혁 당시 로마 가톨릭교회를 거부하고 개혁주의 신학을 받아들여 개혁에 동참한 이들이 세운 여러 교회가 서로 영향을 미치면서 장로교회의 체계가 형성되고 발전했다. 따라서 장로교라는 명칭은 그 시작부터 교파 개념에 더 가까웠다.

한편, 이 책에서 비교하는 교파들이 일정하게 동일한 선상에 있

---

2 이형기 외, 『교회 직제론』, 191.

지 않음을 먼저 밝히는 바이다. 로마 가톨릭교회와 동방 정교회는 이 책에 나오는 여덟 개의 교파와는 성격이 조금 다르다. 로마 가톨릭교회와 동방 정교회의 입장에서는 여덟 개의 교파를 묶은 '개신교'라는 용어를 그들과 같은 수준에서의 '교파'라고 받아들일 것이다.[3] 또, 개신교 범위 안에 있는 이 교파들도 모두 동일한 교파 개념으로 분류한 것은 아니다. 예를 들어, '구세군'이나 '성공회'는 그 아래에 속한 교단들이 없기 때문에 교파와 교단의 구분이 없다는 점에서 다른 교파들과 차이가 있다. 하지만 이러한 다양한 수준에서의 교단과 교파를 정확하게 지칭하는 단어가 없으므로 이 책에서는 편의상 '교파' 또는 '교회'라는 이름을 비교 대상에 일괄 적용하면서 서로 비교하고 분석할 것이다.

3. 내용 소개

이 책의 1부에서는 우리에게 널리 알려진 열 개 교파의 형성 과

---

[3] 캐픽, 럭트, 『개혁신학 용어 사전』에 따르면, "개신교(Protestantism)라는 용어 자체는 1529년에 열린 제2차 슈파이어 의회 때에 생겨났으며, 이것은 로마 가톨릭 측의 지도자들이 자신들의 교회에 맞서 항변(protest)을 제기하는 독일 내부의 연합 전선에 대응하기 위해 모인 회의였다. 16세기에는 이 용어가 루터파를 다른 개혁 운동들과 구별하는 데 쓰였지만, 그 이후에는 매우 넓은 의미로 사용되어 16세기에 로마 가톨릭의 권세 남용에 맞섰던 모든 운동과 전통을 가리키는 말이 되었다."

정 및 특징을 알아볼 것이다. 그리고 2부에서는 각 교파의 주요 교리를 비교할 것이다. 기독교는 어느 교파이든지 '복음'이라는 핵심 내용을 다 공유하고 있기에 중요 교리에 있어서는 크게 차이가 없다. 최후 심판과 예수님의 재림이 있으리라는 믿음과 "하나님은 누구이신가?" "인간은 누구인가?" "예수님은 누구이신가?"라는 질문의 답은 모든 교파에서 큰 차이가 없다. 그래서 이 책에서는 이러한 공통점들은 언급하지 않고, 각 교파의 차이가 두드러지는 내용들만 살펴볼 것이다. 구원에 있어 하나님의 주권과 인간의 책임 사이의 관계를 다루는 신학, 성례에 대한 이해, 교회 정치 제도 등이다. 그리고 중간중간 본문과 관련된 역사적 사건과 인물 등을 소개하거나 이단에 관한 논의 등 신학적 이슈를 설명하는 내용을 덧붙였다.

자, 그럼 먼저 각 교파의 형성 과정 및 특징을 살펴보자.

II

각 교파의 형성 과정 및 특징

1. 로마 가톨릭교회, 동방 정교회, 개신교

큰 틀에서 보면 로마 가톨릭교회와 동방 정교회는 개신교로 묶이는 여덟 개 교파와는 차이점이 많다. 서로 간에 공통점이 더 많은지, 차이점이 더 많은지 하는 문제는 각 교회 내에서도 의견이 분분한 이슈이다.[1] 이 장에서는 개신교에 속하는 교파들을 하나의 교파로 간주하고, 로마 가톨릭교회, 동방 정교회, 개신교의 차이점을 간단하게 살펴보겠다.

---

1 동방 정교회에 관한 다양한 입장은 Nassif et al., *Three Views On Eastern Orthodoxy And Evangelicalism*, 로마 가톨릭교회에 관한 다양한 입장은 Noll and Nystrom, *Is The Reformation Over?*를 참고하라.

1) 로마 가톨릭교회, 동방 정교회, 개신교의 분열

로마 가톨릭교회와 동방 정교회는 1054년에 공식적으로 분열되었다. 그러나 두 교회는 이미 오래전부터 서서히 독자적인 길을 가는 중이었다. 초대 교회에는 전체 교회에 영향력을 행사하는 다섯 개의 중요한 교구들이 있었다. 서로마 지역의 로마와 동로마 지역의 콘스탄티노플, 알렉산드리아, 안디옥, 예루살렘이다. 로마의 수도가 330년에 콘스탄티노플로 이동하면서, 전체 교회 운영의 주도권을 두고 이전 수도인 로마와 현재 수도인 콘스탄티노플 사이에 경쟁이 붙었다. 그 와중에 나머지 세 교구가 이슬람에 점령당하자 로마와 콘스탄티노플의 주도권 경쟁이 점점 더 심해졌다. 이전부터 문화적으로 크게 달랐던 동방 교회와 서방 교회는 이후 신학적으로도 갈등을 겪다가 결국 1054년에 서로를 파문하고 만다.[2]

이렇게 분열된 동방 교회와 서방 교회는 각각 '동방 정교회'와 '로마 가톨릭교회'로 불린다. 그리고 약 450년이 지난 후, 서방 교회가 로마 가톨릭교회와 개신교로 나뉜다. 일반적으로 이 둘의 분열은 1517년 마르틴 루터(Martin Luther, 1483-1546년)가 로마 가톨릭교회의 잘못된 교리에 반대하는 "95개조 반박문"을 비텐베르크

---

[2] 본서에서는 로마 가톨릭교회와 동방 정교회가 최종적으로 분열되기 이전에 각 교회를 지칭할 때는 서방 교회, 동방 교회라는 표현을 사용한다. 비록 서로 갈등이 있었지만 이전까지는 하나의 교회였기 때문이다.

성의 교회 문에 게시하면서부터 시작되었다고 알려져 있다. 하지만 '종교 개혁 이전의 개혁가들'로 불리는 이들이 그보다 훨씬 더 전부터 루터와 비슷한 목소리를 내오고 있었다. 로마 가톨릭교회의 입장에서는 이 사건을 개신교가 전통 교회에서 이탈한 것이라고 보지만, 개신교는 초대 교회의 정신에서 궤도를 이탈한 중세 시대의 로마 가톨릭교회에서 자신들이 빠져나와 초대 교회의 정신과 교리로 돌아간 사건으로 본다.

동서 교회의 대분열[3]

많은 개신교 신자들에게 동방 정교회는 낯설게 느껴질 텐데요. 로마적 특징을 지닌 서방과 그리스적 특징을 지닌 동방은 기독교 역사 초기부터 문화적으로, 또 신학적으로 서로 다른 분위기 속에서 발전했기에 서방의 전통에 뿌리를 둔 개신교인들은 동방 정교회가 생소하게 느껴질 수밖에 없습니다. 동서 교회의 대분열 이후 교류가 단절되었기에 더욱 그러합니다.

도대체 동방 교회와 서방 교회는 왜 분열했을까요? 문화적, 신학적으로 차이를 보이면서도 공존하던 동방 교회와 서방 교회가

---

3 놀, 『터닝 포인트』, 186-210.

공식적으로 분열한 것은 서로를 파문한 사건 때문입니다. 로마 교황의 사절단이었던 움베르토 추기경(Cardinal Humbert)이 콘스탄티노플 총대주교 세룰라리우스(Cerularius)를 파문하는 교서를 아야 소피아(Hagia Sophia) 성당에 두고 온 1054년의 사건을 '대분열 사건'(The Great Schism)이라고 부릅니다. 물론 세룰라리우스도 곧바로 움베르토를 파문했지요. 그러나 그 후 동방 교회와 서방 교회는 재결합하려고 계속 노력합니다. 안타깝게도 이 노력은 십자군 운동으로 중단됩니다. 동로마 황제가 무슬림의 공격을 막으려고 교황에게 도움을 요청하고, 이 요청에 응답하여 1095년에 교황 우르반 2세(Pope Urban II)가 십자군 운동을 공식적으로 시작할 때만 해도 동방 교회와 서방 교회의 교류가 이어지고 있었습니다. 그런데 불행하게도 이 운동이 비극적인 결과를 초래하고 맙니다. 특히 1202-1204년의 제4차 십자군 운동이 결정적이었는데요. 십자군이 예루살렘으로 가던 길에 동방 교회의 중심지 콘스탄티노플에서 약탈과 파괴를 일삼은 것이 문제였습니다.

"선두 십자군들이 대궁전에 도열하였을 때 … 그 군사들은 앞으로 3일간 약탈해도 좋다는 말을 들었다. 콘스탄티노플 약탈은 역사상 유례가 없는 것이었다. … 그들은 무시무시한 폭도가 되어 거리로 쏟아져 집 안으로 들어갔다. 거기서 번쩍이는 것들을 모두 낚아챘고, 가지고 나올 수 없는 것은 무엇이든지 파괴했다. 그 파괴는 살인과 강간을 위해, 또는 원기 회복을 위해 포도주 저장실을 깨부술 때만 잠시 멈추었다. … 로마 교회와 동방 교회가 분리되어야 한다는 것은 아마도 피할 수 없는 일이었다. 그러나 모든 십자군 운동이 그들의 관계를 더욱 악화시켰다. 그리고 그 이후 몇몇 군주들이 여러모로 노력을 해 보았지만 동방 그리스도인들의 마음속에서 분열은 완결되었고, 치유할 수 없는 것이었으며 끝장난 일이었다."[4]

그 뒤로 동방 교회와 서방 교회의 교류가 완전히 단절됩니다. 1054년 이후 동방과 서방 교회의 관계가 삼팔선으로 나뉜 우리나라와 같다면, 십자군 전쟁 이후는 휴전선으로 가로막힌 관계와 같다고 할 수 있습니다. 이들의 관계는 로마 가톨릭교회의 "제2차 바티칸 공의회"(1962-1965년)부터 조금씩 회복되기 시작했습니다. 대화가 재개되면서 1965년에는 1054년의 파문이 철회되었습니다. 앞으로 로마 가톨릭교회와 동방 정교회의 관계가 어떻게 발전될지 지켜볼 일입니다.

---

4 놀, 『터닝 포인트』, 199.

2) 로마 가톨릭교회와 동방 정교회의 공통점

개신교의 입장에서 보면 로마 가톨릭교회와 동방 정교회는 공통점이 많다. 그중 대표적인 공통점 다섯 개를 살펴보자.

첫째, 두 교회는 모두 일곱 개의 성례를 인정한다. 세례 성사(=세례), 견진 성사(=입교), 성체 성사(=성찬), 고백 성사(=고해), 혼인 성사(=결혼), 성품 성사(=성직자 임직), 병자 성사(=병의 치유, 죽음 준비)이다.[5] 이에 반해 개신교는 세례와 성찬, 이 두 개만 성례로 인정한다.

둘째, 성만찬 때 빵과 포도주가 그리스도의 살과 피로 변한다고 믿는다. 동방 정교회는 '화체설'이라는 단어 사용을 꺼리고 그 변화를 '미스터리'로 남기기를 원하지만, 개신교와 비교했을 때 로마 가톨릭교회와의 공통점이 더 크다. 개신교 내에서도 성만찬에 대한 다양한 견해가 있지만, 빵과 포도주가 실제로 그리스도의 살과 피로 변한다는 것은 받아들이지 않는다.

---

[5] 로마 가톨릭교회의 피터 롬바르드(Peter Lombard)가 성례를 일곱 개로 정한 후, 1547년 "트렌트 공의회"(Council of Trient)에서 확정되었다(http://wesley.nnu.edu/other-theologians/henry-orton-wiley/h-orton-wiley-christian-theology-chapter-32/). 가이슬러, 『로마 카톨릭주의와 복음주의』, 361. 트렌트 공의회의 선언을 보라. "새 언약의 일곱 가지 성례를 우리 주 예수 그리스도께서 제정하신 것이 아니라고 말하는 자에게 파문이 내려질 것이다." 한편, 동방 정교회는 일곱 개의 성례를 받아들이면서도 성례의 수를 일곱 개로 한정하지는 않는다. 일곱 개의 성례는 특별하게 중요한 성례이지만, 교회에서 행하는 모든 것을 성례의 범주에 포함되는 것으로 간주한다(한국 정교회 홈페이지 https://www.orthodoxkorea.org/정교회-소개/).

셋째, '성화상' 사용에 긍정적이다. '성화'(聖畵)란 그리스도, 마리아, 천사, 성인들이나 교회 역사상 스스러운 사건을 재현한 그림이고, '성상'(聖像)은 그러한 조각이다. 동방 정교회는 성화를 '이콘'(icon)이라고 부르면서 매우 중요하게 여긴다. 이들은 하나님께서 그리스도 안에서 성육신하셨기 때문에 하나님의 인성을 성화에서 묘사할 수 있다고 본다. 그래서 이콘 사용의 거부는 성육신의 확실한 실현을 거부하는 것이라고까지 생각한다. 그러나 우상 숭배의 위험 때문에 성상은 거부한다. 로마 가톨릭교회에서는 성화는 물론 성상도 사용한다. 개신교는 성상과 성화 모두 사용하지 않는다.

넷째, 로마 가톨릭교회는 '마리아의 원죄 없는 임신'을 받아들이고 동방 정교회는 그렇지 않지만, 둘 다 마리아에게 특별한 지위를 부여한다. 동방 정교회에서도 마리아가 하나님과 가장 가까운 사람이라고 믿는다.[6] 하지만 개신교는 마리아를 포함한 다른 성인들에게 과도한 존경을 보내는 것을 반대한다.

다섯째, 성경의 권위 문제에 있어서, 양쪽 모두 교회가 정경을 결정했고, 성경 해석의 주체도 교회라고 믿는다. 차이가 있다면 로마 가톨릭교회에서는 성경 해석의 최종 권위가 교황에게, 동방 정교회는 공의회에 있다고 생각하는 것이다. 양쪽의 입장은 교회가

---

6 "정교회는 마리아가 하나님과 가장 가까운 사람이라고 믿습니다. 매우 중요한 이 이콘은 하느님 아들의 육화에서 마리아가 차지하는 중요한 역할을 기억하게 합니다" (한국 정교회 홈페이지 https://www.orthodoxkorea.org/정교회-소개/).

성경 위에 있을 수 없다고 믿는 개신교와 차이가 크다.

> **이단 논의(1): 사도 신경과 니케아—콘스탄티노플 신조[7]**
>
> 지금까지 개신교의 입장에서 동방 교회와 서방 교회의 공통점을 살펴보았는데요. 이제 개신교를 포함한 세 교파의 공통점을 알아볼까요? 이들의 공통점 중 하나는 바로 동일한 신조를 사용해서 신앙을 고백한다는 것인데요. "사도 신경"과 "니케아—콘스탄티노플 신조"입니다.
>
> '신조'란 기독교의 가르침을 요약하고, 기독교가 무엇을 믿는지 소개하는 짧은 신앙 진술입니다. 특별히 신조는 이단의 문제에 대처하면서 교회가 발전시킨 신앙 고백문입니다. 사도들이 활동하며 성경을 기록할 때부터 이단 문제가 심각했습니다. 베드로 사도는 거짓 선지자들이 이단을 끌어들인다고 고발합니다(벧후 2:1). 바울 사도는 디도에게 "이단에 속한 사람을 한두 번 훈계한 후에 멀리하라"(딛 3:10)라고 지침을 줍니다. 요한 사도는 구체적으로, "예수를 시인하지 아니하는 영"이 활동하고 있는데 그것이 "적그리스도의 영"이라고 밝힙니다(요일 4:3).

---

[7] 놀, 『터닝 포인트』, 74-95. 곤잘레스, 『초대교회사』, 99-113.

사도들이 활동할 때도 이러했으니, 그들이 죽은 후에는 상황이 훨씬 더 심해졌으리라 짐작할 수 있지요. 사도들의 전도 활동과 성령의 역사로 생겨난 초대 교회는 핍박 속에서도 사도들의 편지를 읽으며 신앙을 지켜 나가고 있었습니다. 그런데 기독교의 모습을 하고 있으나 사도들의 가르침과는 다른 사상을 전파하는 이들이 등장합니다. 어떤 이들은 하나님께 특별 계시를 받았다고 하면서 사도들의 가르침을 넘어서려고 하고, 어떤 이들은 사도들의 가르침을 자신들만이 제대로 해석하는 것이라고 주장하며 왜곡해서 퍼트립니다.

이러한 이단 문제에 대처하고자 초대 교회는 신조를 작성해서 주일 예배 시간마다 신조를 낭독함으로 올바른 신앙을 정립해 나갑니다. 매주일 우리가 고백하는 사도 신경도 이러한 신조 중 하나입니다. 사도 신경은 교회가 공식적으로 작성한 것은 아니지만, A.D. 150년경부터 발전되어 교회가 자연스럽게 받아들인 신조입니다.

이 신조들은 이단들의 잘못된 주장을 교정하고 바른 신앙을 선포하는 내용으로 구성되어 있습니다. 몇 가지 예를 들어 보겠습니다. 당시 이단 중 구약과 신약을 분리하는 마르시온(Marcion of Sinope)의 주장을 추종하는 이들이 있었는데요. 이들은 구약의 신은 열등한데, 이 열등한 신이 세상을 창조했다고 생각했습니다. 그리고 신약의 신인 예수님의 아버지는 사랑이 많은 더 완전한 신이라고 여겼습니다. 구약의 창조주는 저급한 신, 신약의 아버지는 더 상위의 신이라고 구분한 것이지요. 그래서 사도 신경에서는 이를 반박하여, "전능하사 천지를 만드신 하나님 아버지를 내가 믿사오며"라고 하면서, 우리를 창조하신 하나님, 우리의 아버지 되신 하나님이, 한 분 하나님이심을 선포합니다.

사도 신경에는 예수님에 관한 내용이 가장 많은데요. 그만큼 예수님에 대한 잘못된 사상이 많이 퍼져 있었습니다. 요한 사도도 이렇게 경고하지요. "미혹하는 자가 세상에 많이 나왔나니 이는 예수 그리스도께서 육체로 오심을 부인하는 자라 이런 자가 미혹하는 자요 적그리스도니"(요이 1:7). 이렇게 예수님이 육체로 오시지 않았고, 단지 그렇게 보였을 뿐이라는 주장을 '가현설'(Docetic)이라고 부릅니다. 당시에는 영은 순수하고 거룩하지만 물질 세계는 더럽고 죄악에 물들었다고 믿는 이원론적인 세계관을 가진 사람들이 많았습니다. 그래서 사도 신경에서는 예수님이 육체로 임하셔서 행하신 구체적이고 역사적인 사실들, 즉 동정녀에게 나시고, 십자가에 못 박혀 죽으시고, 부활하신 사건을 제시하고 있는 것입니다.

기독교가 공인된 후에는 아예 온 교회가 모여서 신조를 공식적으로 작성했는데요. 이것이 니케아-콘스탄티노플 신조(Nicene-Constantinopolitan Creed)입니다. 전 세계 대부분의 교회가 지금도 사도 신경이나 이 신조를 주일 예배 때 낭송하며, 우리가 주

안에서 한 신앙을 고백하는 참된 교회임을 선포합니다. 이 신조는 특별히 초대 교회에서 가장 심각했던 이단인 '아리우스주의'(Arianism)의 잘못된 사상을 반박합니다. 아리우스(Arius)는 성자가 없었던 시기가 있었다고 주장합니다. 오직 성부만이 태어나지 않으신 분이고 성자는 피조물이라는 것입니다. 물론 성자가 피조물들과는 차원이 다르게 높은 존재이기는 하지만 그래도 피조물이기에 성부와 동일한 지위를 공유할 수 없다고 합니다.

세계 교회는 "제1차 니케아 공의회"(325년)에서 아리우스주의를 이단으로 정죄합니다. 그리고 그들의 주장을 반박하고자 "니케아 신조"를 작성하고, 두 번째 공의회인 "제1차 콘스탄티노플 공의회"(381년)에서 니케아 신조를 보완한 니케아-콘스탄티노플 신조를 작성합니다. 이 신조의 내용은 사도 신경과 비슷하지만 좀 더 길고 자세합니다. 특히 예수님이 아버지 하나님과 본질상 같다는 사실을 강조합니다. 우리가 사도 신경이나 니케아-콘스탄티노플 신조를 고백할 때마다 잘못된 이단의 사상에 맞서 온 세계 교회가 함께 올바른 신앙 고백을 하고 있다는 사실을 꼭 기억하시기 바랍니다.

3) 로마 가톨릭교회와 동방 정교회의 차이점

앞에서 살펴본 로마 가톨릭교회와 동방 정교회의 공통점은 사실 완전히 똑같지는 않지만 개신교와 비교해 보았을 때의 차이보다는 그 폭이 좁아서 공통점으로 분류한 것이다. 그렇다면 로마 가톨릭교회와 동방 정교회의 큰 차이점은 무엇일까? 가장 중요한 세 가지만 간단하게 살펴보자.

첫째, '공의회'의 역사에 대한 관점이 다르다. 공의회(Ecumenical Council)란 '전체 교회'의 지역별 대표 신학자와 성직자들을 소집하여 진행하는 회의이다. 이 회의를 정당한 공의회로 인정한다면 공의회에서 내려진 결정을 받아들여야 한다. 로마 가톨릭교회는 현재까지 모두 스물한 차례의 공의회가 열렸다고 본다. 가장 최근에 개최된 공의회는 1962년 "제2차 바티칸 공의회"(Second Vatican Council)이다. 그러나 동방 정교회는 첫 7대 공의회에 해당하는 "제2차 니케아 공의회"(787년)까지만 받아들이고, 그 이후의 공의회는 인정하지 않는다. 그 이유 중의 하나는 여덟 번째 공의회인 "제4차 콘스탄티노플 공의회"(869-870년)에서 동방 정교회의 콘스탄티노플 교회 의장인 포시우스(Photius, 815년경-897년) 대주교가 파문당했기 때문이다. 동방 정교회는 이것이 정당한 파문이 아니었다고 주장한다. 이 공의회 이후부터 서방 교회와 동방 교회의 분열이 본격적으로 시작되었다고 볼 수 있다. 지금도 동방 정교회는 그들의 교회 전통이 첫 7대 공의회에 기반을 두고 있으며, 초대 교회의 전통에 충실하게 서 있다고 자부한다. 개신교는 대체로 첫 네 차례의 공의회만 인정한다.[8]

둘째, 성령이 성부에게서만 나오는지, 아니면 아들에게서도 나오는지에 대한 신학이 다르다. 이것을 '필리오케 논쟁'(Filioque Controversy)이라고 하는데, 필리오케는 '성자로부터'라는 뜻의 라틴어이다. 세계 교회는 제1차 콘스탄티노플 공의회에서 니케아-콘스탄티노플 신조를 작성했다. 이 신조에서는 성령이 '성부로부터' 나오신다고 진술한다. 그런데 서방 교회가 그들만의 회의였던 589년 톨레도(Toledo) 종교 회의에서, 성부 하나님으로부터 성령의 나오심을 언급하는 신조 부분의 라틴어 번역본에 '필리오케'를 추가로 삽입하여 성령이 '아들에게서도' 나오신다고 결정했다. 동방 정교회는 이를 받아들이지 않지만, 개신교는 로마 가톨릭교회의 전통을 공유하다가 분리되었기 때문에 성령이 '아들에게서도' 나오신다고 이해한다.

셋째, '교황의 수위권'(Papal Supremacy)에 대한 이해가 다르다. 앞서 언급했듯이, 초대 교회에는 서방에 한 곳(로마), 동방에 네 곳(알렉산드리아, 안디옥, 예루살렘, 콘스탄티노플)의 주요 교구가 있었다. 네 개의 동방 교구는 로마의 감독에게 우선권을 부여하는 데 처음부터

---

8   니케아 공의회(325년), 콘스탄티노플 공의회(381년), 에베소 공의회(431년), 칼케돈 공의회(451년).

거부감이 없었다. 이들은 로마의 감독을 '동등한 자들 중 첫째'라고 간주했다. 하지만 로마가 독단적으로 교리와 의식의 문제를 결정할 권한이 있다고는 생각하지 않았다. 12세기 동방 대주교 니케타스(Nicetas)는 이렇게 말한다. "우리는 다섯 개의 자매 관구 중 로마 교회가 우위임을 부정하지 않는다. 그러나 로마 교회가 자만하여 그의 직책에 속하지 않는 일종의 군주제를 주장하면서 스스로 그러한 행위에 의해 우리와 분리하였다. 어떻게 우리가 우리와 상의하지도 않고, 우리가 알지도 못한 상태에서 만들어진 로마 교회의 법령을 받아들일 수 있겠는가?"[9] 그래서 로마 가톨릭교회는 교황의 수위권 아래서 발전한 반면, 동방 정교회는 이를 거부하고, 로마 가톨릭교회와 달리 각 나라의 정교회가 독립적인 자치 정교회들로 발전해 왔다. 각 나라 정교회의 총대주교들은 그중에서도 콘스탄티노플 총대주교를 '동등한 자들 중의 첫째'로 인정하지만, 교회와 관련된 현안들은 총대주교들이 주도하는 공의회를 통해 해결한다.[10]

---

9 놀, 『터닝 포인트』, 196.
10 이형기 외, 『교회 직제론』, 139.

교황의 수위권과 관련한 세 교파의 마태복음 16:18 해석[11]

"또 내가 네게 이르노니 너는 베드로라 내가 이 반석 위에 내 교회를 세우리니 음부의 권세가 이기지 못하리라"(마 16:18).

로마 가톨릭교회는 이 말씀에서 "반석"은 초대 교황인 베드로이고, 그다음 교황들은 베드로의 후계자들이라고 주장합니다. 물론 이 말씀에만 근거해서 베드로의 수위권을 주장하는 것은 아닙니다. 부활한 그리스도께서 베드로에게 "내 양들을 잘 돌보아라"라고 세 번씩이나 당부하신 것도(요 21:15-17) 중요한 근거로 삼습니다. 다른 교파에서는 헬라어로 '베드로'[Petro]는 남성 단수이지만 '반석'[Petra]은 여성 단수이기 때문에 같이 취급할 수 없다고 반박합니다. 로마 가톨릭교회는 예수님이 실제로 사용하신 언어는 아람어였고, 아람어에서는 두 단어 간의 성 구별이 없기에 문제될 것이 없다는 입장입니다.

개신교와 동방 정교회의 해석은 비슷합니다. 다음의 두 가지 해석을 모두 받아들이지만 강조점에 차이가 있습니다. 개신교는 첫 번째 해석을 더 강조하고, 동방 정교회는 두 번째 해석을 더 강조

11　가이슬러, 『로마 카톨릭주의와 복음주의』, 295-309. 이형기 외, 『교회 직제론』, 143-147. 2012년 합동신학대학원대학교 송인규 교수의 '교회론' 강의안 참조함.

합니다. 첫 번째 해석은 "이 반석"이 베드로를 가리키는 것이 아니라는 것입니다. 베드로는 2인칭 단수이고, 이 반석은 3인칭 단수이므로, 여기서 반석은 베드로의 신앙 고백이라고 봅니다. "주는 그리스도시요 살아 계신 하나님의 아들이시니이다"(마 16:16)라는 신앙 고백에 근거해서 예수께서 교회를 세우겠다고 말씀하신 것으로 해석하는 것이지요.

두 번째 해석은 반석을 베드로라고 보면서도, 이때의 베드로는 사도들 전체를 대신하는 자격으로 지명되었다고 보는 견해입니다. "너희는 나를 누구라 하느냐"라는 예수님의 질문에 베드로가 제일 먼저 답변을 했지만 사실은 사도들 전체를 대변해서 한 답변이었다는 것입니다. 예수님이 베드로에게 주신 권위가 후에 모든 사도에게 동일하게 주어졌다는 점이 이 견해를 뒷받침합니다. 예수님은 자신에 대해 옳게 대답한 베드로에게 천국 열쇠를 주십니다. "내가 천국 열쇠를 네게 주리니 네가 땅에서 무엇이든지 매면 하늘에서도 매일 것이요 네가 땅에서 무엇이든지 풀면 하늘에서도 풀리리라 하시고"(마 16:19). 이 천국 열쇠를 "제자들"(마 18:1)에게도 동일하게 주십니다. "진실로 너희에게 이르노니 무엇이든지 너희가 땅에서 매면 하늘에서도 매일 것이요 무엇이든지 땅에서 풀면 하늘에서도 풀리리라"(마 18:18).

개신교는 이 권세를 베드로의 신앙 고백을 공유하는 교회 전체가 받았다고 해석합니다. 동방 정교회는 베드로와 동일한 신앙

> 고백을 한 사도들 전체가 받았고, 베드로 한 사람이 아닌 사도들 전체의 후계자들인 주교들을 통해 이 권세가 이어진다고 해석합니다. 그래서 로마 가톨릭교회에서는 베드로의 후계자인 교황의 결정을 중요하게 여기는 반면에, 동방 정교회는 사도들 전체의 후계자들인 주교들의 회의에 최종 권위를 둡니다.

개신교의 입장에서 보면, 어떤 교리들은 로마 가톨릭교회와 더 가깝고, 어떤 교리들은 동방 정교회와 더 가깝기 때문에 어느 쪽이 개신교와 더 비슷하다고 말하기는 어렵다. 분명하게 말할 수 있는 점은, 개신교와 비교해 보았을 때, 로마 가톨릭교회와 동방 정교회 사이에는 차이점보다 공통점이 더 많다는 것이다.

2. 개신교

이제 개신교에 속하는 여덟 개 교파의 역사와 특징을 살펴보자.

1) 루터교회

명칭에서 잘 드러나듯이 종교 개혁자 마르틴 루터의 신학을 따르는 교파이다. 루터는 중세 로마 가톨릭교회가 인간이 스스로의 선행으로 의로워질 수 있다고 가르친 것을 비판하고, 오직 믿음으로만 의롭다 함을 얻는다고 주장했다. 이 교파는 영어로 '루터란'(Lutheran)이라고 표기하는데 이는 '루터를 따르는 놈들'이라는 조롱의 표현이었다. 로마 가톨릭교회의 교인들이 붙인 이 이름이 나중에는 교파의 이름으로 굳어졌다. 루터는 교황에게 신적 권리가 있다는 주장을 거부하고, 사제(Priest)나 교회가 아닌 성경에 최종 권위를 두었다. 그리고 선한 행위나 교회의 의식을 통해 죄를 용서받는 것이 아니라 죄에서 돌아서는 회개로 용서받을 수 있다고 주장했다.

기독교한국루터회 홈페이지 설명에 따르면, 일반적인 차원에서 다른 개신교에 속하는 교회들과 구별되는 루터교회의 특징은 기존 교회의 전통을 거부하지 않았다는 것이다. 루터는 성경의 유일한 권위를 강조했지만 그렇다고 기존 교회의 역사적 전통을 부인하지는 않았다. 루터교회는 개신교에 속하는 다른 교회들에 비해 예배의식과 성례전을 좀 더 강조한다. 이는 성공회도 마찬가지이다. 루터교회는 루터가 작성한 "루터의 교리 문답"(The Two Catechisms of Luther)과 필립 멜랑히톤(Philip S. Melanchthon, 1497-1560년)이 작성한 "아우크스부르크 신앙 고백서"(Augsburg Confession), 그리고 가장 권위 있는 신앙 고백서로 인정받는 "일치 신조"(Formula of Concord) 등을 공식 신앙 고백서로 받아들이고 있다.

비텐베르크의 루터와 보름스의 루터[12]

1517년 10월 31일, 루터가 95개조 반박문을 비텐베르크 성채 교회당에 게시합니다. (여기에 걸었는지, 비텐베르크 대학에 걸었는지는 확실하지 않습니다.) 이날이 바로 종교 개혁일입니다. 이 반박문에는 베드로 성당 건축 문제, 교황의 내세권(사죄, 연옥) 문제, 사면증 제도의 해악 등을 비판하는 내용이 담겨 있습니다.[13] 몇 개만 같이 읽어 볼까요?

먼저 1-3조입니다.

1조. 우리의 주요, 선생이신 예수 그리스도께서 "회개하라"(마 4:17) 명령하셨을 때, 그 뜻은 신자의 모든 삶이 돌아서는 것이다.

2조. 이 말씀은 사제가 집례하는 고해 성사, 즉 죄의 고백과 보속으로 이해될 수 없다.

---

12 우병훈, 『처음 만나는 루터』, 75-119. 놀, 『터닝 포인트』, 216-243. 황희상, 『특강 종교개혁사』, 32-36. 루터, 『마르틴 루터 95개 논제』, 15-57.
13 루터, 『마르틴 루터 95개 논제』, 17. 사면증은 일반적으로 면죄부라고 알려져 있다. 하지만 죄를 면제시켜 주는 것이 아니고 형벌을 감형해 준다는 것이기 때문에 최근 신학계에서는 면벌부라고 표기한다. 하지만 이 책의 번역자 최주훈 목사는 당시에는 면죄와 면벌의 구분이 없었기에 두 용어 모두 완전한 번역이 아니라고 주장한다. 본서에서는 이 제안에 따라 로마 가톨릭교회와 개신교의 중립적 용어인 '사면증'으로 표기했다.

3조. 또한 이 말씀은 마음을 돌려세우는 내적 참회만 뜻하는 것도 아니다. 절대 그런 뜻이 아니다. 마음의 회개가 육의 정욕을 제어하는 방식으로 드러나지 않는다면, 그 회개는 아무짝에도 쓸모가 없다.[14]

중세 사람들은 사제에게 고해 성사하는 것이 회개라고 생각했습니다. 진심으로 잘못을 뉘우치고, 그 죄에 합당한 보속 행위를 하면, 죄에 따라오는 벌이 없어진다고 생각했습니다. 그런데 루터는 그렇지 않다고 주장합니다. 참된 회개는 신자의 모든 삶을 통해서 이루어져야 하며, 그것은 육체의 정욕을 죽이는 일로 드러난다는 루터의 외침은, 중세 가톨릭뿐 아니라 오늘날 우리에게도 동일하게 적용되는 내용입니다.

사면증에 관한 조항들도 읽어 보겠습니다.

27조. [연보궤 안에 넣은] 돈이 상자 속에서 울리는 순간, 영혼은 하늘로 뛰어오른다고 말하는 것은 '인간이 만든 교설'을 외치는 것이다.

28조. [연보궤 안에 넣은] 돈이 상자 속에서 울리는 순간, 이득과 탐욕은 증가한다. 이것은 틀림없는 사실이다. 이에 반해, 교회의 중보 기도는 하나님의 선한 뜻을 따르는 것이다.[15]

43조. 그리스도인들에게 이것을 분명히 가르쳐야 한다. 가난한 사람

---

14 루터, 『마르틴 루터 95개 논제』, 25-26.
15 루터, 『마르틴 루터 95개 논제』, 37.

을 도와주고 궁핍한 사람에게 꾸어주는 것은 사면증을 구입하는 것과 비할 바 없이 선한 일이다.[16]

오늘날에는 더 이상 사면증이 존재하지 않습니다. 하지만 사면증을 살 돈이 있다면, 가난한 이들을 돌보는 데 그 돈을 사용하라는 루터의 가르침은 오늘날에도 따라야 할 내용입니다. 교회 활동에 필요한 봉사는 열심히 하면서 이웃은 돌보지 않는다면 우리 역시 중세 사람들과 같은 잘못을 저지르고 있는 것입니다.

이후 루터는 교회를 개혁하기 위해 여러 책을 출간합니다. 『독일 귀족들에게』, 『교회의 바빌론 포로』, 『그리스도인의 자유』 등입니다. 그러자 교황 레오 10세가 루터에게 60일 이내에 모든 주장을 철회하라는 교서를 내립니다. 루터는 교황의 칙령과 교회법 서적 등을 불태우며 교황의 명령을 무시합니다. 이번에는 독일의 황제 카를 5세가 보름스(Worms) 의회를 소집하고 루터를 소환합니다. 그리고 루터가 썼던 글들에 대해 공개적으로 참회하라고 요청합니다.

이 의회에서 루터가 했던 최후 변론은 매우 유명하지요.

"제가 성경의 증언들이나 명백한 이성에 의해 설득되지 않는 이상,

---

16 루터, 『마르틴 루터 95개 논제』, 44.

저는 교황과 공의회의 결정들만 믿을 수는 없습니다. 왜냐하면 그들은 종종 오류를 범하며, 자기들끼리도 충돌하기 때문입니다. 저는 저에게 주어진 성경에 굴복하며, 양심은 하나님의 말씀 안에 사로잡혀 있기에, 그 어떤 것도 철회할 수 없으며 그렇게 하고 싶지도 않습니다. 왜냐하면 양심에 반하여 행동하는 것은 안전하지도 건전하지도 않기 때문입니다. 저는 달리 행할 수 없습니다. 제가 여기 서 있습니다. 하나님 저를 도와주소서. 아멘."[17]

보름스에 모인 카를 5세와 교황청 대사들이 루터가 이단이라고 선포합니다. 1517년 10월 31일 비텐베르크에서 루터는 단지 자신의 견해를 밝혔을 뿐이지만, 1521년 4월 18일 보름스에서는 중세 교회의 권위에 맞섰습니다. 정식으로 대항(Protest)을 시작한 것이지요. 그래서 어떤 사람들은 비텐베르크가 아니라 보름스에서의 항의가 진정한 종교 개혁의 출발점이라고 말하기도 합니다.

2) 장로교회

장로교회는 '개혁주의' 신학 사상을 따르는 교회이다.[18] 그러나

---

17 우병훈, 『처음 만나는 루터』, 117.
18 장로교회가 받아들이는 '개혁주의'를 '칼뱅주의'라고 부르는 이들도 있지만, 두 용

개혁주의 사상을 가진 이들이 장로교회만 세운 것은 아니다. 침례교회에도 이 사상을 좇는 이들이 있다.[19] 따라서 다른 교파와 구별되는 장로교회의 특징을 이해하려면 개혁주의 신학과 함께 장로교회의 정치 체제를 알아야 한다. 이 체제의 큰 특징은 두 가지를 반대한다는 것이다. 감독주의와 성직자 중심의 교회 운영을 반대하며, 전 회중이 직접 교회 행정에 참여하는 회중주의도 반대한다. 장로교회는 그 명칭에서 알 수 있듯이 장로들의 다스림에 의존하는 교회 정치 제도를 전면에 내세운다. 회중이 뽑은 대표들이 회중에게서 권한을 위임받아 교회 업무를 수행하는 것이다.

자, 이제 장로교회의 정치 체제가 어떻게 형성되었는지 그 역사를 살펴보자. 장로회 정치의 초기 건축자는 슈트라스부르크의 종교 개혁자 마르틴 부서(Martin Bucer, 1491-1551년)이다. 부서는 말씀을 설교하는 목사와 교회의 권징을 맡은 장로가 함께 목자로서 교회를 다스려야 한다고 주장했다. 장 칼뱅(John Calvin, 1509-1564년)은 제네바에서 목회할 때 목사와 평신도 대표가 당회를 구성하여 같

어는 동일선상에 있지 않다. 개혁주의는 장 칼뱅이 큰 영향력을 미치기는 했지만, 한두 사람이 아닌 다수 개혁가들의 공통된 사상이었다. 그래서 본서에서는 '칼뱅주의' 대신 '개혁주의'를 주로 사용할 것이다.

19 침례교회가 개혁주의를 따른다고 할 때는 개혁주의 신학 중에서 성례론을 비롯한 교회론을 제외한 신학을 가리킨다. 장로교회와 일부 침례교회 외에도 개혁주의 신학을 가진 이들이 세운 교회로 개혁 교회가 있다. 주로 유럽에서 발전한 개혁 교회는 장로교회와 거의 비슷한 교파이다. 교회론에 있어 장로교회와 약간의 차이를 보일 뿐이다. 장로교회와 차이가 크지 않고, 우리나라에 널리 알려진 교파가 아니라서 본서에서는 따로 구분하여 설명하지 않았다.

이 교회를 다스리는 장로회 정치 구조를 만들었는데, 부서에게 영향을 받은 것으로 알려져 있다.[20] 이렇게 개혁주의 신학과 장로교회 정치 체제가 결합된 제네바 교회는 이후 유럽의 종교 개혁에 큰 영향을 끼친다.

이러한 장로교의 발전에 스코틀랜드가 특히 중요한 역할을 했다. 스코틀랜드에서 설교와 출판 활동으로 종교 개혁을 추진하던 존 녹스(John Knox, 1514-1572년)는 1560년 동료들과 함께 교회 전체의 개혁을 요구하는 청원서를 의회에 제출했는데 의회가 이를 받아들인다. 이후 스코틀랜드는 녹스의 주도로 작성된 "스코틀랜드 신앙 고백서"(The Scot Confession)와 "제일 치리서"(The First Book of Discipline)에 근거하여 국가 차원에서 장로교를 받아들인 최초의 나라가 되었다.[21]

한편, 영국에서 개혁주의 신학과 장로제를 따르던 청교도들은 스코틀랜드의 장로교인들과 힘을 모아, 종교 개혁의 절정이라 할 수 있는 "웨스트민스터 신앙 고백서"와 "웨스트민스터 대·소요리 문답"을 작성하였다. 이 문서들은 미국으로 건너간 청교도들에 의

---

20 오덕교, 『장로교회사』, 95. 칼뱅의 제자였던 데오도르 베자(Theodore Beza, 1519-1605년)가 쓴 『존 칼빈의 생애와 신앙』에 따르면, 칼뱅은 제네바에서 무엇보다도 기독교 교리와 교회의 권세가 온전히 보장된 장로 제도가 세워지지 않고는 목회를 할 수 없다고 생각했고, 그래서 그는 장로 정치와 교회 질서가 적절히 유지될 수 있는, 하나님의 말씀에 기초한 실정법을 제안하였고, 이 법안이 통과되어 제네바에서 장로 정치가 발전할 수 있었다고 한다.

21 오덕교, 『장로교회사』, 163-168.

해 미국 장로교회의 교리적 표준 문서로 인정받았고, 한국에서는 장로교 선교사들이 가지고 들어와 한국 장로교회의 표준 문서로 통용되고 있다. 지금도 다수의 한국 장로교회에서는 목사 임직 때에 웨스트민스터 신앙 고백서를 받아들인다는 선서를 한다.

칼뱅의 파란만장한 목회[22]

칼뱅은 프랑스 안에서 박해받는 종교 개혁자들의 신앙을 변호하기 위해 1536년 『기독교 강요』의 초판을 출판합니다. 그 후 공부를 더 하려고 스트라스부르로 가는 길에 제네바에 잠시 머무는데요. 종교 개혁자 기욤 파렐(Guillaume Farel, 1489-1565년)이 방문하여 제네바에서 개혁에 동참해 줄 것을 요청합니다. 칼뱅은 개인적으로 연구할 것이 있다며 거절하지만, 파렐은 이 중요하고 간절한 요구를 거절하면 하나님께서 저주를 내리실 것이라고 협박합니다. 결국 칼뱅은 1536년 9월 제네바 교회에 부임합니다. 그런데 칼뱅의 초반 개혁이 좀 급진적이었던 것 같습니다. 칼뱅이 제네바 시민들을 열 명씩 관원 앞에 세워 신앙 고백서에 서약하게 했는데요. 이러한 강압적인 시도에 제네바 시민들이 반발합니

---

22 오덕교, 『종교개혁사』, 219-275.

다. 또 권징은 교회의 고유 권한이므로 정부가 관여해서는 안 된다고 주장해서 제네바 시 당국과도 갈등을 일으키고 맙니다. 이에 칼뱅은 1538년 4월 제네바에서 추방당합니다.

칼뱅이 제네바를 떠나 바젤로 가서 원래의 계획대로 성경 연구를 하려고 합니다. 그런데 스트라스부르에서 프랑스 피난민 교회의 목사로 섬겨 주기를 요청합니다. 공부를 하고 싶었던 칼뱅은 거절합니다. 시편 주석에다 이때의 심정을 이렇게 기록합니다. "나는 마침내 자유를 얻었고 내 직무의 속박으로부터 벗어났다. 나는 공적인 책무의 부담과 염려로부터 벗어나 개인적인 생활을 즐길 예정이었다." 그런데 파렐이 그랬던 것처럼 이번에는 부서가 경고합니다. "하나님은 요나처럼 반항하는 종을 다루는 방법을 아신다!"라고 하면서요. 결국 칼뱅은 스트라스부르에서 3년간 프랑스 난민을 섬겼습니다. 그런데 이 시간은 뜻밖에도 칼뱅에게 복된 시간이 되었습니다. 부서에게 많은 것을 배우는데 그중 하나가 장로회의 직제입니다. 그리고 두 자녀를 둔 과부 이델레트 드 뷔르(Idelette de Bure)와 결혼도 합니다.

그즈음 제네바에서 개혁이 일어납니다. 시민들이 칼뱅의 반대파를 탄핵하고 칼뱅에게 복귀를 요청합니다. 칼뱅은 돌아갈 마음이 전혀 없었습니다. "하루에도 수천 번 죽어야 되는 그런 십자가보다는 일백 번 죽는 다른 길을 택하고 싶다"라고 말할 정도였습니다. 하지만 파렐의 강력한 경고와 권면 때문에 또 마음을 돌리고 1541년 9월 제네바로 돌아옵니다. 돌아온 칼뱅이 제네바에서 쫓겨날 때 마지막으로 했던 설교 본문에 이어지는 본문으로 설교를 했다는 것은 유명한 일화이지요.

제네바는 점차 모범적인 도시로 변화되어 가고 제네바를 통해 전 유럽에 개혁신학이 확산됩니다. 스코틀랜드의 개혁가 존 녹스는 제네바 아카데미에서 공부하면서, "사도 시대 이후 지상에 존재했던 가장 완전한 그리스도의 학교이다. 다른 곳에서도 그리스도를 잘 전하고 있지만, 나는 생활과 종교가 그처럼 신실하게 개혁된 곳을 아직 보지 못하였다"라고 기술합니다. 그리고 스코틀랜드가 장로교 정치의 모범이 되는 데 자신의 삶을 헌신합니다.

3) 성공회

성공회(Anglican Church, Episcopal Church)는 세계 각국에 서른여덟 개의 독립적이고 자치적인 지역 성공회 교회(관구)로 이루어져 있다. 영국에서는 국교회(Church of England), 미국에서는 주교 감독제 교회라는 의미에서 'Episcopal Church'라고 부른다. 성공회는 16세기 종교 개혁의 영향으로 영국의 헨리 8세 때부터 시작되었다. 1534년, 헨리 8세는 교황의 수위권을 거부하고 대신 왕의 수위권을 내세워 성공회를 만들었다. 그리고 그의 후계자 에드워드

6세 때에 성공회의 신앙을 요약한 "42개 신조"가 만들어지면서 성공회는 더 분명하게 개신교의 성격을 띠게 되었다. 이 신조는 엘리자베스 1세 때에 "39개 신조"로 축소되어 오늘날까지 이르고 있다.[23] 우리나라 성공회인 대한성공회는 1993년 세계성공회공동체에 속하는 정식 관구로 독립된 성공회 교회이다. 대한성공회는 1889년 11월 1일, 조선 교구 설립을 목적으로 고요한 주교(Charles John Corfe)가 영국 웨스트민스터 대성당에서 캔터베리 대주교에게 주교 서품을 받은 후, 1890년 우리나라에 도착하면서 시작되었다.

대한성공회 홈페이지의 설명에 따르면, 다른 교파들과 구별되는 성공회의 특징 중 하나는 "중용(Via Media)의 신앙"이다. 구교인 로마 가톨릭교회와 신교인 개신교 교회 사이에서 극단적인 것을 지양하고 서로의 장점을 포용하는 전통을 세웠다는 것이다. 성공회 교단 안에는 다양한 신학적 견해를 가진 이들이 공존하는데 크게 '고교회파', '저교회파', '광교회파'로 나눌 수 있다. '앵글로-가톨릭'(Anglo-Catholics)이라고도 불리는 '고교회파'는 로마 가톨릭교회와 비슷하게 교회법, 성직 제도, 예전 등을 강조한다. 우리나라 성공회도 이 전통에 속하여 '사제', '성당' 등 로마 가톨릭교회의 용어들을 사용한다. 자유롭고 넓은 신학 경향을 띠는 '광교회파'는

---

23 "영국 성공회의 성직자가 되려면 여전히 39개조를 받아들인다는 서명을 해야 하지만 영국 이외의 성공회에는 해당되지 않는다"(대한성공회 커뮤니티 https://holynet.anglican.kr/98-39개조-①/).

예전, 교회 조직과 같은 것들은 중요하게 여기지 않고, 인간의 이성과 실천적인 도덕성에 강조점을 둔다. '저교회파'는 복음주의 부흥 운동에 영향을 받아 개신교의 신학 원리들과 좀 더 가까운 흐름이다.[24]

그렇다면 이렇게 다양한 성향에도 불구하고 이들을 성공회로 묶을 수 있는 기준은 무엇일까? 대한성공회 홈페이지에서는 "램버스 4개조"를 그 기준으로 제시한다.[25] 네 가지 조항은 다음과 같다. "첫째, 구약과 신약 66권을 하느님의 계시된 말씀으로 받아들인다. 둘째, 초대 교회의 신앙 고백인 사도 신경과 니케아 신조를 통해 신앙을 고백한다. 셋째, 세례와 성찬례를 그리스도께서 제정하신 성사로 받아들인다. 넷째, 교회의 직제로 초대 교회로부터 내려오는 주교, 사제, 부제의 세 성직을 받아들인다."[26] 즉 성공회는 성경

24　이재근, 『세계 복음주의 지형도』, 92.

25　이것은 1870년에 미국 성공회 시카고의 헌팅턴(William Reed Huntington) 주교가 성공회와 일치할 수 있는 교회가 가져야 할 조건으로 제시한 네 가지 조항인데, 1886년에 전체 미국 성공회의 인정을 받았다. 이 4개조는 1888년에 열린 세계 성공회 주교들의 램버스 회의의 추인을 받아서, 그 후 성공회가 내세우는 일치의 조건으로 자리 잡았다.

26　대한성공회 홈페이지. 참고로 대한성공회 홈페이지와 달리 대한성공회 서울 교구는 네 번째 조항을 다음과 같이 번역한다(https://seoul.anglican.kr/archives/17933). "교회의 일치(the Unity of His Church)를 향하여 하느님의 부르심을 받은 민족들과 나라들의 다양한 필요들에 사목하는 수단으로서 지역의 특성에 맞추어 채택된 역사적 주교제." 서울 교구의 번역이 원문에 더 가깝다(https://episcopalchurch.org/library/glossary/chicago-lambeth-quadrilateral). "The Historic Episcopate, locally adapted in the methods of its administration to the varying needs of the nations and peoples called of

을 66권만 받아들이고, 성례(성사)를 세례와 성찬 두 가지로 한정하는 점에서는 개신교의 교리를 따르지만, 주교제를 받아들이는 면에서는 로마 가톨릭교회를 따른다고 할 수 있다.

> **영화 '천 일의 스캔들'과 '엘리자베스'**[27]
>
> 영국의 헨리 8세는 여섯 명의 아내를 둔 것으로 유명합니다. 이 중 중요한 첫 세 명의 부인만 소개할게요. 첫 번째 부인은 캐서린 아라곤(Catherine of Aragon)입니다. 그녀는 당시 최강대국이었던 스페인이라는 막강한 배경을 가지고 헨리 7세와 결혼했다가 그가 죽자 동생인 헨리 8세와 다시 결혼합니다. 하지만 그녀가 딸 메리를 낳은 후 계속 사산하자 아들을 원했던 헨리 8세는 캐서린과 이혼하고 두 번째로 앤 불린(Anne Boleyn)과 결혼합니다.
>
> 캐서린은 물론 왕비를 존경하던 백성, 왕비의 친정인 스페인 왕가, 교황까지 모두 이 이혼을 반대했는데요. 헨리는 끈질기게 이혼을 허락해 줄 것을 교황청에 요청합니다. 교황이 강대국 스페인의 눈치를 살피느라 이혼을 허락하지 않자 헨리 8세는 교황의 간섭 없이 이 문제를 해결하기 위해 결국 영국 교회를 로마 가톨

God into the unity of His Church."
27 오덕교, 『종교개혁사』, 379-410. 황희상, 『특강 종교개혁사』, 66-85.

릭교회에서 분리해 버립니다. 그리고 자신이 교회의 수장이 되는 '수장령'을 통과시킴으로써 영국 성공회를 탄생시키지요.

그런데 앤 불린도 아들을 낳지 못하고 딸을 낳습니다. 바로 엘리자베스 1세입니다. 영화 '엘리자베스'의 주인공이지요. 앤에 대한 사랑이 식자 헨리 8세는 다른 여인과 결혼하려고 앤을 간통죄로 몰아 처형합니다. 앤 불린의 사랑과 사형까지의 이야기가 영화 '천 일의 스캔들'의 내용입니다. 세 번째 부인 제인 시모어(Jane Seymour)는 에드워드 6세를 낳지만 아들을 낳은 뒤 곧 사망합니다. 에드워드 6세도 왕위에 올랐다가 일찍 숨을 거두고, 뒤이어 캐서린의 딸 메리 1세가 왕위에 오릅니다. 그녀는 가톨릭으로 복귀해서 개신교를 심하게 박해하여 '피의 메리'라는 별명까지 얻습니다. 그 뒤를 이어 앤 불린의 딸 엘리자베스가 왕위에 올라 1558년부터 44년간 잉글랜드를 지배합니다.

교회사적으로는 엘리자베스 1세 때에 청교도 운동이 본격적으로 시작되었다는 점을 기억하면 됩니다. 영화를 보면 가톨릭 국가들이 엘리자베스를 제거하고자 음모를 꾸미지만, 개신교 역시 확실하게 종교 개혁을 하지 않는 엘리자베스에게 불만이 높았습니다. 개신교를 박해하던 메리 1세와 달리 엘리자베스 1세는 개신교로 복귀했지만, 그녀는 영적인 변화보다는 국가 질서 유지에 더 관심이 많았습니다. 메리 여왕의 박해로 대륙으로 피신했던 종교 개혁자들이 이제 귀국해서 영국 국교회(성공회) 안에 있

> 는 비성경적인 요소를 제거하고자 했는데요. 이들을 '엄밀한, 고지식한 사람들'(Precisionists) 또는 교회를 '정화'(Purify)하는 이들이라는 뜻으로 '청교도'(Puritan)라고 불렀습니다.

4) 침례교회

침례교회의 특징은 다음과 같다. 첫째, 교회를 거듭난 신자들의 모임으로 간주하기에 개인의 신앙 고백에 근거하여 침례를 베푼다. 그래서 거듭남을 증명할 수 없는 유아에게는 세례 주는 것을 반대하고, 수세자가 물속에 완전히 잠기는 방법인 침수례를 행한다. 둘째, 세례와 성찬 등의 성례를 상징으로 이해한다. 셋째, 국가와 교회의 엄격한 분리를 주장한다. 마지막으로, 개교회주의를 지향하며 회중의 권한을 강조한다. 신도 개개인의 성경 해석 권리를 인정하기 때문에 '신조'와 '신경'의 중요성이 다른 교파들에 비해 덜 강조된다.[28]

침례교의 기원에 대해서는 다양한 견해가 존재하지만, '영국 분리주의 후계설'을 일반적으로 받아들인다. 영국 분리주의자들이

---

28 현재 우리나라 침례교회들은 대체로 2000년 6월 14일 남침례교단이 채택한 "침례교의 신앙과 메시지"(Baptist Faith and Message 2000) 선언문을 받아들이지만, 내용이 포괄적이어서 세부 사항에서는 개교회의 결정권이 존중된다.

침례교회를 시작했다는 견해인데, 이들은 원래 영국 국교회 내에서 칼뱅주의 개혁을 시도했던 청교도들이었다. 영국 국교회의 중도적인 개혁에 저항한 청교도들은 대체로 개혁주의와 장로교 정치 체제를 지지했다. 하지만 일부 급진적인 청교도들은 회중의 직접적인 정치를 추구하는 회중제를 택하였다. 장로제를 지지하는 청교도는 비록 영국 국교회의 정치 체제에는 반대했지만, 영국 국교회의 존재 자체를 거부한 것은 아니었다. 그러나 일부 급진적 청교도들은 회중제를 선택하고, 국가와 교회의 분리를 주장했다. 그래서 이들을 '분리주의자'라고 불렀는데, 이들은 장로제를 지지한 청교도들과 다른 길을 걷게 된다.[29] 이 분리주의자 중 일부가 영국의 제임스 1세의 박해를 피해 네덜란드에 정착하는데 재세례파의 한 분파인 메노나이트(Mennonites)를 만나 '신자 세례'의 원리를 받아들인다. 이에 1609년 암스테르담에 첫 번째 침례교회인 '신자의 교회'를 세운다.[30]

침례교회의 기원을 바르게 이해하려면 두 가지를 구분해야 한다.

첫째, 영국 청교도 중에서 회중제를 지지한 이들이 곧 침례교파는 아니라는 것이다. 회중제를 택한 청교도들은 장로제를 지지하는 청교도들과 분리된 이들인데, 침례교파는 이 청교도들과 또다시 분리된 이들이다. 침례교파가 회중제를 택한 청교도들과 분리

29　이형기 외, 『교회 직제론』, 194.
30　이형기 외, 『교회 직제론』, 204.

된 가장 큰 이유는 세례에 관한 견해 차이였다. 회중 교파는 주류 종교 개혁 전통을 따라 유아 세례를 인정하는 반면, 침례교파는 급진 종교 개혁 전통을 따라 유아 세례를 인정하지 않고 오직 신자의 고백에 근거한 세례만을 인정했다.[31] 침례교파로 분리되지 않은 이들은 회중 교회(Congregational Church)를 세웠는데, 존 오웬(John Owen, 1616-1683년)과 조너선 에드워즈(Jonathan Edwards, 1703-1758년) 등이 한국 교회에도 잘 알려진 회중 교회 목회자들이다.

둘째, 침례교파와 재세례파와의 구분이다. 재세례파(Anabaptist)는 16세기에 발생한 개신교 종교 개혁들 중에서 급진 종교 개혁 전통을 가리킨다. 여러 급진적 개혁 운동을 '재세례파'라고 부르는 이유는, 이들이 공통적으로 유아 세례를 거부하고, 유아 세례를 받았더라도 성인이 된 후의 신앙 고백에 근거하여 다시 세례를 받았기 때문이다. 현재까지 아미시(Amish), 후터라이트(Hutterites), 메노나이트 등이 이 전통을 이어 가고 있다. 이렇게 유아 세례를 인정하지 않고 신자의 믿음에 근거한 세례만을 인정한다는 점에서는 침례교파와 재세례파 사이에 공통점이 있다. 하지만 엄연히 구별되는 교파이다. 재세례파는 국가의 권위를 받아들이기를 거부하고 전쟁에 참여하는 것도 반대한다. 재세례파 중 다수는 아직도 공동생활을 하며 세상으로부터 분리된 삶을 고수하고 있다. 그러므로

---

31 이형기 외, 『교회 직제론』, 194.

현재의 침례교회는 청교도 운동에 뿌리를 두고, 회중제를 택한 이들 중에서, 재세례파의 영향을 받아 독자적으로 발전된 교회라고 할 수 있다.[32]

미국 침례교회는 주로 영국에서 건너온 침례교도들이 세웠는데 최초의 침례교회는 1639년에 로저 윌리엄스(Roger Williams, 1603-1683년)가 설립한 로드아일랜드의 프로비던스 교회였다. 한국에서는 19세기 말에 맬컴 펜윅(Malcolm C. Fenwick, 1863-1936년) 선교사가 침례교회를 세웠으며, 1950년대 초부터 미국 남침례교와 교단 교류를 해 오고 있다.

이단 논의 (2): 재세례파[33]

재세례파라는 명칭이 낯선 분들도 있으실 텐데요. 이름만 보아서는 다시 세례를 받는다는 특징 외에 어떤 신앙을 가진 교파인지 알기가 어렵습니다. 재세례파의 신학은 1527년 마이클 새틀러(Michael Sattler, 1490-1527년)가 작성한 "슐라이트하임 신앙 고백서"(Schleitheim Confession)에 잘 나타나 있는데요. 일곱 가지 내용을 요약해 보겠습니다.

---

32 이형기 외, 『교회 직제론』, 204.
33 오덕교, 『종교개혁사』, 192-195. 김성봉, "재세례파에 대한 칼빈의 비판", 1-23.

(1) 개종하여 자신의 죄가 그리스도에 의하여 다 용서함을 받았다고 믿는 자들에게만 세례를 베풀어야 한다.

(2) 일단 재세례파의 신앙을 받아들였다고 하더라도 세례받은 이가 실수하거나 범죄했을 경우 출교에 처한다.

(3) 성찬은 기념이며, 성찬 참여 자격은 세례받은 자로 제한한다.

(4) 신자는 사탄이 세상에 심어 놓은 악과 죄로부터 스스로를 성별해야 하고, 어떠한 이유로도 무기를 사용해서는 안 된다.

(5) 목사는 불신자들 사이에서도 평판이 좋아야 하며, 교인들 가운데 선택되고, 교인에 의하여 부양되어야 한다.

(6) 칼의 사용은 이방인에게 주어진 것이고 그리스도 안에서는 오직 출교만 있을 뿐이므로, 그리스도인은 세속 정부의 일에 참여해서는 안 된다.

(7) 그리스도인은 맹세해서는 안 된다.

재세례파는 이처럼 로마 가톨릭교회나 다른 교파에서 받은 유아 세례를 인정하지 않고 다시 세례를 받게 합니다. 기본적으로 재세례 교리는 그들의 교회론에 기초합니다. 철저한 신앙 고백을 하는 이들에게만 세례를 주고, 교회에 가입시켜서 알곡만 모은 교회를 만들겠다는 것입니다(최소한 그렇게 만들기 위해 최선을 다하겠다는 것입니다). 다른 교파들은 대부분 이 땅의 교회에서는 알곡과 가라지가 섞여 있을 수밖에 없다고 인정하는 것과 다르지요.

특히 개혁주의 신학에 기초한 교회의 경우 언약 개념을 매우 중요하게 여기기 때문에 유아 세례도 중요하게 여깁니다. 구약에서 언약의 징표였던 할례는 이방인이나 여자는 받을 수 없었지만 유아는 받았습니다. 이제 예수님이 오심으로써 새 언약의 시대가 열렸습니다. 새 언약의 징표인 세례가 모든 성도에게 베풀어집니다. 이방인이나 여자도 차별 없이 세례를 받습니다. 그런데 이전에 언약에 참여했던 유아들의 세례가 새 언약의 시대에 제외된다는 것을 개혁주의 신학에 기초한 교회에서는 받아들일 수 없는 것입니다.

한편, 재세례파의 신앙에는 병역의 의무 거부, 세속 정부의 일 참여 금지, 맹세 금지, 어떠한 상황에서도 폭력을 금지하는 극단적 평화주의 등이 포함됩니다. 대부분의 한국 교회 교인들에게는 이들의 신학적 입장이 낯설기 때문에 혹시 이단은 아닌가 생각하실 수도 있습니다. 하지만 이들이 공교회의 결정을 통해 이단으로 판정된 적은 없습니다. 재세례파가 로마 가톨릭교회와 루터파, 개혁파 등 주류 종교 개혁 세력 양편에서 공격을 받기는 했습니다. 하지만 다른 견해라고 해서 옳지 않다고 논박하는 것과 이단으로 정죄하는 것은 다릅니다. 특별히 16세기 당시 재세례파에 대한 박해는 그들의 국가관 때문인 경우가 많았습니다. 로마 가톨릭교회는 말할 것도 없고 시의회나 제후를 중심으로 진행되던 종교 개혁 쪽에서도 국가와 교회를 극단적으로 분리하는 재세례파의 입장은 매우 위협적이었기 때문입니다.

그렇다면 대표적인 종교 개혁자인 칼뱅은 재세례파를 어떻게 평가했을까요? 칼뱅은 『기독교 강요』와 "재세례파 논박"이라는 글에서 재세례파를 강하게 비판했습니다. 재세례파는 온건파와 과격파로 나눌 수 있는데요. 칼뱅은 온건파는 자신과 같이 성경을 하나님의 말씀으로 믿고 있는 이들인 반면, 과격파는 성경을 떠나 직접 계시를 추구하는 광신자들이라며 이들을 비판했습니다. 칼뱅은 두 그룹의 견해에 다 반대했지만 전자에게는 그들의 잘못을 지적하는 수준이었다면, 후자에게는 이단을 대하는 태도로 비판을 가했습니다. 당시 과격한 재세례파에는 토마스 뮌처(Thomas Müntzer, 신령주의적 급진파), 콘라드 그레벨(Conrad Grebel, 급진 개혁 재세례파), 얀 마티스(Jan Matthys, 종말론적 재세례파) 등이 있었습니다. 현재까지 이어지는 재세례파는 모두 온건파입니다.

아미시 마을을 소개합니다[34]

온건한 평화적 재세례파 신앙의 유산을 물려받아 지금까지 이어진 교회에는 메노나이트, 아미시, 후터라이트 등이 있습니다. 메

---

34 한국 아나뱁티스트 센터 홈페이지, 미국 아나뱁티스트 마을 소개 사이트(https://mennohof.org/)에서 요약 정리함.

노나이트는 16세기 네덜란드 재세례파 운동의 지도자였던 메노 시몬스(Menno Simons)를 따랐던 신자들을 지칭합니다. 후터라이트는 16세기 모라비아에서 공동으로 재산을 소유하고 서로 물질을 나누던 재세례파 신자들로, 야코프 후터(Jacob Hutter)의 지도를 받았습니다. 아미시는 17세기 스위스 재세례파 신자 중에서 야코프 암만(Jacob Ammanm)을 따랐던 사람들입니다. 메노나이트 신자였던 암만은 규율을 어긴 사람들에 대한 징계 문제와 관련하여 메노나이트가 순수성을 잃어 가고 있다고 비판하며 따로 떨어져 나와 새로운 공동체를 세웠습니다. 아미시는 메노나이트에 비해 더 보수적이며 공동체 중심의 생활을 중시하고 현대 문명과 고등 교육을 거부하며 사회와 거리를 두고 생활합니다. 메노나이트는 다소 진보적 경향을 띠며 고등 교육을 허용하고 기술 문명을 수용해 일반 사람들과 소통하려고 노력하는 편입니다.

2017년 기준으로 북미에만 318,500명의 아미시가 거주하고 있다고 합니다. 아미시 내에도 다양한 분파가 있어서 아미시의 특징을 한마디로 말하는 것은 일반화의 오류를 범할 위험이 있는데요. 여기서는 대략적인 특징을 적어 보겠습니다. 다음 내용은 미국에 거주하는 아미시 공동체를 소개하는 홈페이지에서 가져왔습니다.

이들은 특이하게도 펜실베니아 더치(Pennsylvania Dutch)로 알려진 독일어 방언을 사용합니다. 미국에서 살지만 영어는 제2언어입니다. 자동차 대신 말이나 마차를 이용해서 움직이고, 전기를 공급받아 사용하지 않으며, 텔레비전과 컴퓨터 사용을 거부합니다. 그들만의 구별되는 의상을 입고, 남성은 턱수염을 기릅니다. 학업은 8학년(우리나라의 중학교에 해당)으로 공식적인 교육을 마칩니다. 예배는 가정집에서 모여서 드립니다. 아미시들도 세금을 다 납부하지만 사회 보장 제도(Social Security)에서는 제외됩니다. 그들은 교회 구성원들이 서로의 육체적·물질적 필요를 채워 주어야 한다고 믿기 때문에 보험을 거부합니다. 한편, 그들의 언어를 배우고, 세례를 받고 아미시 교회의 규칙을 받아들인다면 외부인도 아미시의 교인이 될 수 있습니다.

오늘날 재세례파에게서 배워야 할 점이 많다고 생각하는 사람들이 늘어나고 있습니다. 물론 그들의 재세례 전통과 국가와 교회의 극단적 분리, 그리고 의로운 삶에 대한 지나친 강조 등의 부분은 주의를 기울여야 하겠지요. 하지만 폭력을 금지하고 실제로 서로의 삶을 책임지는 공동체로서의 모습은 오늘날 다른 교파의 교회들이 배워야 할 모습임에는 틀림없습니다. 만약 우리 교회 모든 구성원이 각종 보험을 포기하고 서로 필요를 채워 주기로 결정한다면 교회의 모습은 어떻게 달라질까요?

5) 감리교회

감리교회의 기원은 기도와 금식, 성경 공부와 선행 등의 방법들을 규칙적으로 실행하며 신앙생활을 한 옥스퍼드 대학교 학생들의 모임에서 찾을 수 있다. 이들은 '홀리 클럽'(Holy Club)이나 '규칙주의자, 방법주의자'(Methodist)라고 불렸는데, 후자의 이름이 감리교단의 이름이 되었다.[35] 이 클럽의 일원이었던 존 웨슬리(John Wesley, 1703-1791년)는 영국 성공회에서 1728년에 안수를 받고 목사가 되었는데, 미국 조지아로 선교하러 가는 길에 죽음의 위험을 겪으면서 자신에게 구원의 확신이 없음을 깨달았다. 올더스게이트(Oldersgate Street)에서 극적인 회심을 경험한 그는 조지 횟필드(George Whitefield, 1714-1770년)와 함께 회심과 거룩한 삶을 향한 도전의 메시지를 전했다. 이들은 당시 영국 교회에서 관심을 기울이지 않던 노동 계층을 위해 야외에서 설교했는데, 이후 수많은 사람

---

35 이재근, 『세계 복음주의 지형도』, 136. 감리교는 'methodism'의 본래 의미인 방법론자주의, 방법교, 규칙교 등이 아닌, '감리교'로 번역되었다. 이재근 교수는 이 표현이 한편으로는 진리를 감독한다는 뜻이지만, 다른 한편으로는 감독제의 원리로 세워진 교회라는 교회 정치 체계를 반영하는 뜻으로, 장로가 다스리는 교회라는 이름의 장로교에 대항하는 측면에서 지어졌다고 한다. 기독교대한감리회 홈페이지(https://kmc.or.kr/head-quater-kmc/resources-history-of-kmc?pageid=1&mod=document&uid=48643)에 게시된 자료에 의하면, 미남감리회에서 조선 개항기의 감리서(관청)의 명칭을 채용하여 감리교회라고 부른 것으로 추정하는데, '감리'가 교회를 양육하고 관리하는 감독(감리사)의 역할을 표현하기에 적당한 명칭이라고 여겼기 때문이다.

이 회심하면서 조금씩 조직이 갖추어졌다. 웨슬리는 새 교회를 세울 마음이 전혀 없었고, 단지 영국 교회 안에 새로운 운동이 일어나기를 바랄 뿐이었다. 하지만 감리교 운동으로 회심한 이들과 기존 교회와의 갈등이 계속되자 할 수 없이 교단을 설립한다.

1744년 웨슬리 형제와 네 명의 성공회 성직자, 네 명의 평신도 지도자가 모여 처음으로 연회(Annual Conference)를 조직하였고 이 연회가 오늘날까지도 전 세계 감리교회의 기본 조직이다. 1760년대에 이르러 감리교인들이 미국으로 이민해서 감리교 신도회를 조직하자 웨슬리는 1769년부터 평신도 순회 전도자들을 미국에 파송하기 시작했다. 이 가운데 1771년 미국에 도착한 프랜시스 애즈버리(Francis Asbury, 1745-1816년)는 열정적인 헌신으로 미국 감리교 부흥에 큰 공헌을 한 인물이다. 문제는 감리교도들의 수가 폭발적으로 증가했지만 평신도 순회 전도자들이 이들에게 성례를 시행할 수 없었다는 것이다. 게다가 당시 미국은 영국과 독립 전쟁 중이었다. 영국 성공회의 감독이 모두 귀국하고 없는 상태여서 미국에서 목사를 세울 수도 없었다. 그러자 감리교 운동으로 회심한 사람들에게 성례를 집행할 수 없는 심각한 문제가 발생했다. 새롭게 교단을 설립해서 안수를 통해 목회자를 세워야 할 필요성이 대두된 것이다. 결국 웨슬리는 교단을 설립하기로 결정한다.[36] 1784년 미국

---

36 놀, 『복음주의 발흥』, 252-254.

볼티모어에서 미국 감리교회의 태동을 알리는 역사적인 크리스마스 콘퍼런스가 열렸다. 이는 감리교 운동(The Methodist movement)에서 감리교회(The Methodist Episcopal Church)로 조직되는 출발점이 된 연회였다.[37]

한국에 가장 먼저 들어온 감리교 선교사는 일본 주재 선교사였던 매클레이(R. S. Maclay, 1824-1907년)였다. 미국 감리교회가 한국 선교의 가능성을 타진해 보려고 매클레이를 파송했고, 그는 1884년 6월에 내한해서 고종 황제에게 학교와 병원 사업에 한하여 선교 사업을 해도 좋다는 허락을 받는다. 이듬해 1885년 부활 주일인 4월 5일, 아펜젤러(H. G. Appenzeller) 내외가 입국하면서 우리나라에서 본격적으로 감리교 선교가 시작되었다.[38]

존 웨슬리와 찰스 웨슬리의 회심[39]

1735년 당시 성공회 목사였던 존 웨슬리는 영국의 식민지 아메리카 조지아 선교를 위해 배에 올라탔습니다. 그 배에는 동생인

---

37 스위니, 『복음주의 미국 역사』, 90.
38 기독교대한감리회 홈페이지(https://kmc.or.kr/head-quater-kmc/resources-history-of-kmc?pageid=1&mod=document&uid=4577)에서 요약함.
39 놀, 『터닝 포인트』, 310-388. 놀, 『복음주의 발흥』, 101-123. 울프, 『복음주의 확장』, 254.

찰스 웨슬리(Charles Wesley)와 헤른후트(Herrnhut)에서 온 모라비아 교인(Moravian) 스물여섯 명도 같이 타고 있었습니다. 4개월 23일간의 항해 기간 동안 이 배는 수차례 전복 위기를 맞습니다. 그때마다 존 웨슬리는 죽음의 공포를 느꼈는데, 모라비아 교인들은 평온한 모습으로 시편을 찬송하고 기도했습니다.

조지아 상륙 후 웨슬리는 모라비아 교인들이 쓰는 막사에 기거합니다. 그들의 지도자 스팡겐베르크(Spangenberg)와 대화하면서 웨슬리는 자신에게 하나님의 자녀라는 확신이 없음을 깨닫습니다. 그 대화가 웨슬리의 일기에 기록되어 있습니다.

그가 나를 지켜보더니 물었다. "예수 그리스도를 아십니까?" 나는 멈추었다. 그다음 대답했다. "그분이 세상의 구세주임을 압니다." 그가 대답했다. "맞습니다. 그렇지만 그가 당신을 구원하셨다는 사실도 아십니까?" 내가 대답했다. "나는 그분이 나를 구하시려 돌아가셨기를 바랍니다." 그는 단지 다음 말만 덧붙였다. "자신이 누군지 아세요?" 나는 "압니다"라고 대답했지만, 공허한 대답이 아닐까 두려웠다.[40]

웨슬리는 1년 9개월에 걸친 조지아 선교에 실패한 후 돌아오는 길에 또다시 풍랑을 만나 죽음의 공포를 느낍니다. 그는 절망감에

---

40 놀, 『복음주의 발흥』, 105.

빠져 귀국 후 선교사 임명장을 반환해 버립니다. 그리고 독일에서 온 모라비아 목사 피터 뵐러(Peter Boehler)와의 만남을 통해 자신에게 '구원을 가져오는 믿음'(Saving faith)이 부족하다는 것을 알게 됩니다. 웨슬리는 자신에게 없는 신앙을 설교한다는 것이 옳은 일인지 고민합니다. 뵐러 목사는 이렇게 권면하지요. "신앙이 생길 때까지 신앙에 대해 설교하십시오. 설교를 하면 당신에게도 신앙이 생길 것이므로, 신앙적으로 설교를 할 수 있게 될 것입니다."[41] 웨슬리는 이 권고를 따라 믿음에 대해 설교하기 시작합니다.

1738년 5월 24일, 존 웨슬리는 올더스게이트 거리의 모임에 참석했다가 극적인 회심을 경험합니다. 자신을 열정적인 복음 전도자로 살게 한 이 경험을 그는 이렇게 묘사합니다.

저녁에 나는 별로 내키지 않는 걸음으로 올더스게이트 거리에 있는 한 신도회에 참석하였는데 거기에서 한 사람이 루터의 로마서 서문을 읽고 있는 것을 보았다. 8시 45분경에 그 사람이 그리스도 안에 있는 믿음을 통해 하나님께서 마음에 변화를 일으키시는 일을 설명했다. 그때 나는 내 마음이 이상하게 따뜻해지는 것을 느꼈다(I felt my heart strangely warmed). 나는 구원을 위해 그리스도 그분만을 의뢰하고 있음을 느끼게 되었다. 그리고 그분이 바로 나의 죄를 없애 버렸고, 죄

---

41 놀, 『복음주의 발흥』, 116.

와 사망의 법에서 나를 구원하셨다는 확신이 왔다.[42]

한편, 찰스 웨슬리는 존 웨슬리보다 먼저 1736년 7월에 조지아 선교를 그만두고 잉글랜드로 귀국했습니다. 그 역시 아직 회심하지 못했던 것입니다. 그는 후에 존 웨슬리와 비슷한 시기에(일주일 정도 앞서) 회심을 경험합니다. 친구와 함께 루터의 갈라디아서 주석을 읽은 날을 이렇게 기록합니다. "나는 누가 나를 사랑하셔서, 나를 위해 자신을 주셨는지 알고자 노력했었다. 기다렸었다. 기도했었다. 그리고 그분이 오셨다. 그분은 지체하지 않으신다는 확신을 얻게 되었다. 그 후로 나는 편안히 잘 수 있었다." 그리고 4일 뒤 이렇게 말합니다. "나는 하나님과 평화를 누리고 있음을 깨달았으며, 사랑하는 그리스도에 대한 희망으로 기쁘다."[43]

찰스 웨슬리는 수많은 찬송가를 지었습니다. "만 입이 내게 있으면"(23장), "하나님의 크신 사랑"(15장), "천부여 의지 없어서"(280장), "천사 찬송하기를"(126장), "예수 부활했으니"(164장) 등이 대표적인 곡들입니다.

두 사람은 영국의 부흥을 위해 함께 노력했지만 새로운 교단을

---

42 놀, 『터닝 포인트』, 316. 이 책에서는 "이상하게 뜨거워지는 것을 느꼈다"로 번역되어 있다. 하지만 이 번역은 성령 체험을 오해하게 할 수도 있다는 와싱톤사귐의교회 김영봉 목사님의 제안에 따라 원어에 가깝게 "이상하게 따뜻해지는 것을 느꼈다"로 수정했음을 밝힌다.
43 놀, 『복음주의 발흥』, 117-118.

설립하는 데 있어서는 견해가 달랐습니다. 존 웨슬리가 어쩔 수 없이 교단을 설립했는데도 찰스 웨슬리는 이를 강하게 반대했습니다. 흥미롭게도, 1788년 찰스 웨슬리가 사망했을 때 그는 잉글랜드 국교회 교회 마당에 매장됩니다. 그리고 1791년 존 웨슬리는 감리교 예배당 옆에 매장됩니다.

6) 성결교회

우리나라의 성결교회는 19세기 '성결 운동'(Holiness movement)의 영향을 받아 형성된 자생 교단이다. 성결 운동은 교회가 거룩함을 향한 열정을 잃어버렸다고 느낀 이들이 웨슬리의 성화론에 근거하여 성결한 삶의 비전을 회복하고자 한 운동이다. 이 성결 운동의 뿌리를 다음의 두 가지에서 찾을 수 있다. 첫째, 이 운동의 이론적 토대가 된 것은 웨슬리의 '완전 성화론'이다. 웨슬리파 교회에서는 신자의 성화 과정에서 특정 순간에 죄를 의도적으로 짓지 않는 상태인 '완전 성화'(Entire Sanctification) 혹은 '그리스도인의 완전'(Christian Perfection)이 가능하다고 가르친다. 이 완전 성화에 이르기를 추구하면서 성결 운동이 일어났다. 둘째, 19세기 초에 일어났던 부흥 운동이다. 특별히 피비 파머(Phoebe Palmer, 1807-1874년)와 찰스 피니(Charles G. Finney, 1792-1875년)의 부흥 운동이 성결 운

동에 영향을 미쳤다.[44]

이러한 흐름 속에서 활발하게 펼쳐진 성결 운동의 특징은 '성결'을 가장 중요한 개념으로 삼았다는 것이다. 이들은 '두 번째 은혜'(Second Work of Grace) 혹은 '두 번째 축복'(Second Blessing)이라는 용어를 사용하여 완전한 성화의 단계를 묘사한다. 하나님께서 두 번째 은혜의 사역을 수행하심으로써 신자들이 죄 없는 성결한 삶, 순종과 헌신의 삶을 살 수 있게 된다는 것이다. 이 두 번째 축복은 회심 후에 성령 세례(Baptism of the Holy Spirit)로 말미암아 발생한다. 이러한 믿음을 가진 이들이 성결 운동을 조직적으로 체계화하면서 미국에 성결교 계통의 다양한 교단들이 설립되었다.[45]

이 교단들은 크게 두 그룹으로 나뉜다. 한 그룹은 중생(Regeneration)이나 성결(Holiness)과 같은 전통적인 웨슬리안의 복음을 강조했고, 다른 한 그룹은 이것과 함께 신유(Healing)와 재림(Second Advent)의 복음도 강조했는데, 전자를 웨슬리안 성결 운동의 주류라고 부르고, 후자를 급진파 성결 그룹이라 부른다.[46] 전자에 속한 대표적인 교단은 우리나라에서 '나사렛 성결교회'로 불리는

44　남병두,『기독교의 교파: 그 형성과 분열의 역사』, 107. 참고로, 성결 운동에 끼친 피비 파머의 영향력에 대해서는 이견이 없지만, 찰스 피니가 얼마나 큰 영향력을 끼쳤는지에 대해서는 다양한 견해가 있음을 밝힌다.
45　스위니,『복음주의 미국 역사』, 192. 베빙턴,『복음주의 전성기』, 267. 성결교 계통의 최초의 교회는 1881년에 설립된 하나님의 교회(Church of God)이다.
46　박명수, '성결교회 신학의 정체성과 과제'(성결신학연구소 사이트), 4.

나사렛 교회(Church of the Nazarene)이고,[47] 후자는 C&MA(Christian and Missionary Alliance), 만국성결교회(International Apostolic Holiness Church) 등이다. 후자의 그룹은 중생, 성결, 신유, 재림의 '온전한 복음' 혹은 '사중 복음'을 강조해 왔는데 이 그룹이 우리나라 성결교회의 형성에 큰 영향을 끼쳤다. C&MA 교단을 설립한 심프슨(A. B. Simpson, 1843-1919년)은 사중 복음이라는 용어를 처음 사용한, 성결 운동의 지도자이고, 성결교회의 모체가 되는 동양선교회(Oriental Missionary Society)는 만국성결교회에 주된 후원을 받았다.[48] 심프슨의 영향을 받은 동양선교회 소속 선교사들이 일본에서 사역하고 있을 때 당시 거기서 유학 중이던 김상준, 정빈이 동양선교회 전도관에서 공부한 후 한국에 와서 1907년 조선야소교동양선교회를 세운 것이 우리나라 성결교회의 기원이다.[49]

---

[47] 나사렛 교회의 초대 감독 다섯 명 중 네 명이 감리교회 사역자였던 만큼, 이 교회의 모습은 감리교회와 매우 비슷하지만, 여기에 성결 운동의 특징이 더해졌다. 나사렛 교단은 하나의 국제적인 교단이다. 한국 나사렛 교회의 영어 명칭은 Korea National DISTRICT Church of the Nazarene이고, 국제 교단 명칭을 따라 '나사렛 교회'였다가, 1974년 7월 29일에 '나사렛성결회'로 개명 공포하였다(대한기독교나사렛성결회 홈페이지 https://na.or.kr/bbs/content.php?co_id=intro_faith 참조).

[48] 박명수, '성결교회 신학의 정체성과 과제'(성결신학연구소 사이트), 4.

[49] 기독교대한성결교회의 헌법을 보면 성결교의 형성 과정이 이렇게 기록되어 있다. "19세기 말에서 20세기 초기에 하나님께로부터 동양에 복음을 전하라는 사명을 받은 카우만과 길보른의 선교의 비전이 1901년 일본을 거쳐 1907년 5월 우리나라 경성에서 실현되었다. 일본동양선교회 성서 학원을 졸업한 김상준, 정빈 두 젊은 전도자가 카우만, 길보른 두 선교사와 함께 경성 염곡(현 서울 종로 1가)에 복음 전도관(현 중앙교회)을 개설하고 중생, 성결, 신유, 재림의 사중 복음을 선포하다가 교회의

그러므로 다른 교파와 구별되는 우리나라 성결교회의 가장 큰 차이점은 사중 복음을 강조한다는 것이다. 사중 복음에서 중생과 성결은 웨슬리 신학의 강조점을 그대로 계승한 것이며, 신유와 재림에 대한 강조는 19세기 성결 운동에서 비롯되었다.[50] 중생과 재림 신앙은 다른 교파와 큰 차이가 없으니, 성결교회의 특징을 드러내는 성결과 신유를 알아보자. 기독교대한성결교회 헌법에 따르면 '성결'이란 그리스도로 말미암아 성령의 세례를 받는 것이고, 거듭난 후에 믿음으로 순간적으로 받는 것이라고 한다. 이렇게 성령 세례를 받으면, 원죄에서 정결하게 씻음을 받고, 성별하여 하나님을 위해 봉사하는 데 현저한 능력을 받게 된다. 한편, '신유'는 신자가 하나님의 보호로 항상 건강하게 지내는 것과 병들었을 때에 하나님께 기도함으로 나음을 얻는 것을 가리킨다. 성결교회는 병을 낫기 위하여 기도하거나 안수하는 일을 당연한 특권으로 간주하지만, 그렇다고 해서 의약을 부인하는 것은 아님을 분명히 밝힌다.[51]

형태로 성장하므로 조직 교회로 발전됨에 마침내 교회법을 제정하여 교회를 운영토록 한 것이 성결교회의 헌장이 되었다."
50 남병두, 『기독교의 교파』, 109.
51 기독교대한성결교회 홈페이지(http://www.kehc.org/home/history).

피비 파머의 제단 신학과 찰스 피니의 새로운 방법들[52]

중요한 웨슬리안 성결 운동가 중 한 명으로 꼽히는 피비 파머는 여섯 자녀를 낳았는데 세 명을 잃고 자신도 중병에 걸려 심한 고통을 겪다가 기적적으로 회복됩니다. 그녀는 1837년에 '두 번째 축복'을 체험한 이후 30년 이상 '성결 증진을 위한 목요 모임'을 이끌면서 수많은 사람에게 영향을 미칩니다. 파머는 완전 성화를 체험하려면 기다리지 말아야 한다고 말합니다. 당시 대부분의 웨슬리안들은 완전한 성화에 이르기 위해서는 오랜 세월을 기다려야 한다고 가르쳤는데요. 파머는 이에 반대하며 '제단 신학'(Alter Theology)을 주장합니다. 우리가 자신을 희생 제물로 제단에 드릴 때 하나님께서 우리를 성결하게 하신다는 내용입니다. 인간의 역할을 더 적극적으로 강조한 것입니다. 이렇게 파머는 사람들이 죄에 대해 즉시 죽고, 주님의 제단에 믿음으로 삶을 헌신하도록 초대했습니다.

사람이 얼마나 빨리 완전한 상태에 도달할 수 있는지 누군가가 묻자 그녀가 이렇게 대답합니다. "당신이 믿음을 가지자마자, 곧 요구되는 희생을 드릴 수 있다. … 구세주가 '다 이루었다'라고 말씀하실 때, 구원이 당신에게 주어졌다. 남은 것이 있다면 당신

---

52 스위니, 『복음주의 미국 역사』, 192-195. 울프, 『복음주의 확장』, 93-103.

이 이에 동의하고 그 권리를 요구하는 것뿐이다. … 구원은 이미 당신의 것이다. 만약 당신이 지금 그 구원을 받지 못했다면, 그 이유는 하나님 때문이 아니라 전적으로 당신 자신 때문이다."[53]

비슷한 시기에 활동한 찰스 피니도 성결 운동에 영향을 끼친 인물입니다. 1821년에 극적으로 회심하고 1824년에 장로교 설교자가 된 피니는 '그리스도인의 완전'에 이르러야 한다고 주장하며 부흥 운동을 전개했습니다. 특별히 '새로운 방법들'(New Measures)을 사용하여 부흥을 일으킨 것으로 유명한데요. 예를 들면, 설교 중에 지옥에서 고문당하는 죄인의 모습을 실감 나게 연출하여 청중이 직접 고문을 당하는 듯한 느낌을 받게 했습니다. '열망의 좌석'(Anxious Seat)을 회중의 앞자리에 따로 준비하기도 했습니다. 영혼의 문제로 고민하는 사람을 거기에 앉도록 해서 목회자에게 기도를 따로 받게 한 것입니다. 처음에는 특별히 상류층 사람들의 과묵함을 극복하게 하는 데 도움을 주려고 이 좌석을 만들었다고 합니다. 나중에는, 부흥사가 집회 막판에 영적인 문제에 관심이 생긴 사람이 있다면 열망의 좌석으로 나오라고 강권하면 사람들이 나아가 회중이 보는 앞에서 권고와 상담, 기도를 받는 것이 일반적인 방법으로 자리 잡게 됩니다.

피니가 생각하기에 기독교인이 하나님의 기적적인 개입을 가

---

53 스위니, 『복음주의 미국 역사』, 195.

> 만히 기다리기만 하는 것은 농부가 땅을 경작하지도 않은 채 하나님이 기적을 베푸셔서 땅이 저절로 경작되기만을 기다리는 것만큼이나 어리석은 일이었습니다. 성령에 의한 하나님의 특별한 능력이 인간의 회심에 필수적이라는 것을 인정하면서도 동시에 인간의 노력 역시 필수적임을 믿었던 것이지요. 이렇게 인간이 최선을 다해 회심과 성화를 이루려고 노력해야 한다는 주장이 적극적인 성화를 추구한 성결 운동에 영향을 끼치게 된 것입니다.

7) 오순절 교회

오순절 교회는 다른 교파와는 성격이 조금 다른 범주이다. 예를 들어, 성공회나 구세군은 하나의 교단만 존재하는 교파이다. 감리교회나 루터교회는 하나의 교단에서 시작하여 나뉘었기 때문에 교단 간의 공통점이 많다. 미국 감리교회는 노예제에 대한 시각, 최근에는 동성애에 대한 시각의 차이로 교단이 분리되기는 했지만, 기본적인 교리에서는 차이점이 없다.[54] 장로교회는 하나의 교단에

---

54 참고로, 2020년 6월 현재 미국연합감리교(UMC[United Methodist Church])는 공식적으로 분리된 상태는 아니다. UMC의 각 그룹을 대표하는 이들이 참여하여 2020년 1월 3일에 발표한 "결별을 통한 화해와 은혜의 의정서"(The Protocol of Reconciliation & Grace Through Separation)에서는 UMC를 동성애를 허용하지 않는 보수 교단(NEW MC[Methodist Church] 가칭)과 동성애를 허용하는 진

서 시작된 것은 아니지만 모든 교단이 공유하는 공통 신조가 있다. 침례교회는 앞서 언급한 교파들보다 강력한 결속을 보이지는 않지만, 그들을 하나로 묶어 주는 분명한 공통점들이 있다.

이에 반해 오순절 교회 범주에 속하는 교회들은 그 결속력이 상대적으로 약하다. 하나의 교단에서 나뉜 것도 아니고, 같은 신앙고백에 동의한 이들이 모인 것도 아니다. 편의상 오순절 교회라고 통칭하지만, 실제 각 교단과 교회의 특색은 매우 다양하다.[55] 이런 느슨한 공통점에도 불구하고, 오순절 교회를 하나의 교파로 묶을 수 있는 특징이 있는데, 바로 '성령 세례'에 대한 공통된 이해이다. 성령 세례를 강조하는 것은 앞에서 살펴본 '성결 운동'의 결과로 생긴 교단들의 특징이기도 하지만, 오순절 교회는 성령 세례를 이들과는 다르게 이해한다. 그렇다면 오순절 운동과 성결 운동 모두 성령 세례를 강조하면서도 서로 다른 교파를 형성하게 된 이유는 무엇인가? 성령 세례와 방언의 은사 사이의 관계에 대한 견해 차이 때문이다. 성결 운동은 성령 세례가 내적인 성결을 가져온다는 사실을 강조하는 데 비하여, 오순절 운동은 성령 세례의 일차적인 증거는 방언이라고 주장한다. 즉 성결 운동은 우리를 거룩하게 하시는 성령의 내적 사역을 중요시하고, 오순절 운동은 방언으로

보 교단(PS[Post-Separation] UMC 가칭)으로 분리하기로 결정했으나, 이 중재안을 다루기로 한 2020년 5월 총회가 COVID-19의 여파로 열리지 못한 상태이다.

55 본서에서는 오순절 교회의 구체적인 특징을 다른 교파들과 비교해야 할 경우, 순복음 교회가 속한 교단인 '하나님의성회'를 기준으로 삼는다.

나타나는 성령의 은사에 더 큰 강조점을 둔다. 성결 운동이 '두 번째 은혜' 혹은 '두 번째 축복'을 믿는다면, 오순절 운동은 '세 번째 은혜' 혹은 '세 번째 축복'을 믿는다고 할 수 있다. 첫 번째 축복은 '중생'이고, 두 번째 축복은 '완전 성화'이며, 세 번째 축복은 방언의 은사가 동반되는 '성령 세례'이다. 오순절 운동에 참가하지 않은 성결 그룹은 첫 번째와 두 번째 축복에는 동의하지만 세 번째에는 동의하지 않는다.[56]

오순절 운동의 기원은 학자들 사이에서 논쟁이 뜨거운 주제이다. 대부분의 전문가는 찰스 퍼햄(Charles Parham, 1873-1929년)이 오순절 운동을 시작했다고 보는 반면, 일부는 윌리엄 시모어(William Seymour, 1870-1922년)가 실질적인 창시자라고 본다. 퍼햄은 사도 시대를 넘어 오늘날에도 초자연적인 성령의 은사를 받을 수 있다고 확신하고 특별히 방언의 은사를 사모했다. 그는 1901년에 벧엘 신학교를 설립하여 학생들을 가르쳤는데, 제자 애그니스 오즈먼(Agnes Ozman)이 방언의 은사를 경험하게 된다.[57] 그리고 퍼햄에게서 공부한 시모어가 1906년 로스앤젤레스의 아주사 거리(Azusa

---

56 스위니, 『복음주의 미국 역사』, 201.
57 스위니, 『복음주의 미국 역사』, 201. 오늘날 퍼햄은 성령 세례의 필수 조건인 방언 교리의 창안자로 널리 알려져 있다. 하지만 퍼햄에게 방언은 복음을 해외로 전파하기 위한 수단이었고, 그래서 그에게 방언은 외국어로 의사소통하는 능력을 뜻했다. 그러나 오순절 운동이 성장하면서 실제 의사소통이 가능한 외국어로서의 방언보다 사람이 알아들을 수 없는 언어로서의 방언이 더 보편적이 되면서 오순절 교회에서 가르치는 방언의 개념이 달라졌다.

Street)에서 연속으로 부흥 집회를 개최했는데 이때 많은 사람이 방언을 말하기 시작하면서 오순절 운동이 급속도로 미국 전역으로 퍼져 나갔다. 오순절 운동은 교단 형성을 목적으로 일어나지는 않았지만 곧 다양한 교단이 독립적으로 형성되었다. 이 중에서 우리에게 친숙한 '하나님의성회'(Assemblies of God) 교단은 1914년에 탄생했다. 이 교단이 한국에 들어와 세워진 교단이 '기독교대한하나님의성회'이고, 여기에 순복음 교회가 속해 있다.[58] 이 교단의 특징은 다섯 가지의 복음을 말하는 '오중 복음'(중생, 성령 충만, 신유, 축복, 재림)과 세 가지의 축복을 말하는 '삼중 축복'(영혼이 잘됨, 범사에 잘됨, 강건하게 됨)이다.

---

58 기독교대한하나님의성회 홈페이지(http://agk.or.kr/sub101.php)에서는 이 교단의 기원을 이렇게 설명한다. "20세기 초 미국 로스앤젤레스 아주사 거리에서 일어난 오순절 성령 운동은 1914년 하나님의성회(Assemblies of God)라는 교단을 형성하게 하였다. 1928년 오순절 운동에서 성령 체험한 메리 럼지(Mary Rumsey) 선교사가 한국에 들어와 구세군 허홍 사관과 오순절 운동을 전개하였고, 조선 오순절 교회(교단)가 설립되었다. 2차 세계 대전이 끝나고 대한민국이 일제에서 해방된 이후 하나님의성회 동양선교 부장 오스굿(Osgood) 목사가 내한하여 오순절 교단의 공식적인 선교가 시작되었고, 1952년에 부임한 초대 선교사 체스트넛(A. B. Chestnut) 목사가, 이미 오순절 신앙 운동을 펼치고 있던 한인 목사들과 1953년 4월 8일에 기독교대한하나님의성회 창립 총회를 열어 교단이 탄생하게 되었다."

방언의 은사에 관한 다양한 관점

20세기에 오순절 교회가 등장한 후 방언에 관한 논쟁이 계속되고 있습니다. 우리나라에서도 여의도 순복음 교회의 급성장과 더불어 방언 열풍이 불었습니다. 오순절 교회는 방언이 성령 세례의 증거라고 믿었기 때문에 방언이 강조될 수밖에 없었고, 이것이 다른 교파 교인들에게도 큰 영향을 끼쳤습니다. 그런데 각 교파는 방언에 대해 다양한 입장을 취합니다. 교파의 역사를 살펴보면 오순절 교회가 가장 후대에 발생했습니다. 그 이전에 형성된 교파들은 방언에 대한 견해 차이로 나뉜 것이 아니므로, 후대에 이슈가 된 방언에 대해 다양한 견해를 가지게 된 것입니다.

방언과 관련된 복잡하고 다양한 논의를 크게 세 가지로 나누어 살펴보겠습니다.

먼저 사도행전 2장과 고린도전서 14장에 나오는 각 방언의 성격에 관한 논의입니다. 일반적으로 사도행전의 방언은 외국어였고, 고린도전서의 방언은 하늘의 언어(사람들이 이해할 수 없는 말, 천사의 말, 성령의 간구 등을 포함한 개념)라고 봅니다. 하지만 사도행전의 방언도 사람들이 알아들을 수 없는 말이었고, 듣는 사람들이 자신들의 언어로 듣는 이적이었다고 보는 견해도 있습니다. 또 고린도전서의 방언도 외국어로 이해하기도 합니다.

두 번째는 은사 중지론과 관련한 견해들입니다. 은사 중지론이란 성경에 기록된 은사 중에서 어떤 은사들(특별히 초자연적인 은사들)이 사도 시대 후로는 중지되었다는 것입니다. 초대 교회로부터 복음이 전파되어 교회의 기초가 놓이고 정경이 완성되면서 초자연적 은사들이 더 이상 필요가 없게 되었다고 합니다. 오해하지 말아야 할 점은 은사 중지론을 주장한다고 해서 성령의 초자연적인 사역까지 부인하는 것은 아니라는 것입니다. 성령께서는 언제든지 초자연적인 사역을 하실 수 있지만, 그것을 한 개인에게 은사로 주시는 일은 그쳤다는 것이지요. 반면에 은사 지속론은 성경에 기록된 은사들이 모두 현대에도 계속되고 있다는 입장입니다. 은사 중지론을 주장하는 이들은 대체로 방언의 은사가 중지되었다고 봅니다. 은사 지속론에는 크게 두 가지 견해가 있습니다. 외국어와 천사의 말 모두 지속된다는 입장과 천사의 말로서의 방언만 지속된다는 입장입니다.

세 번째는 방언이 계시적인 은사인지에 관한 논의입니다. 이 논의에서는 방언이 외국어인지, 천사의 말인지 하는 언어의 형태는 중요하지 않습니다. 형태에 상관없이 '방언이 하나님께서 계시를 주시는 수단이었는가'라는 문제가 중요합니다. 방언이 계시적 수단이 아니라고 보는 입장에서는 고린도전서 14장에 나오는 방언은 하나님이 인간에게 말씀하시는 것이 아니라 인간이 하나님께 기도하는 것이기 때문에 계시가 될 수 없다고 생각합니다. 방언

> 이 계시적 도구가 아니므로 굳이 정경의 완성과 함께 방언의 은사가 그칠 이유가 없고, 그래서 방언이 여전히 지속된다고 봅니다. 반대 의견은, 방언과 더불어 통역의 은사가 주어졌기 때문에 통역이 된 방언은 계시적인 성격을 띠게 된다는 것입니다. 이 입장에서는 정경의 완성과 함께 계시적 성경을 띤 방언도 중지되었다고 여기기도 하고, 성경 시대의 방언은 계시적 도구였어도 정경 완료 후의 방언은 계시적 도구가 아니어서 오늘날에도 방언이 가능하다고 여기기도 합니다.

8) 구세군

1829년 영국 노팅엄에서 태어난 윌리엄 부스(William Booth, 1829-1912년)는 1858년 감리교회 목사로 전도 사역을 시작했다. 당시 영국은 산업 혁명의 여파로 국민의 빈부 격차가 매우 큰 상황이었고, 교회마저 가난한 이들을 반기지 않았기에 그들은 교회 출석을 하지 못하고 있었다. 이 현실을 안타까워하던 부스는 1861년 목사 자리를 사임하고, 교회 밖 사람들의 구원을 위해 열정적으로 복음을 전파했다.

구세군 역시 새로운 교회나 새로운 교단을 만들 것을 의도하고 시작되지 않았다. 1865년 동부 런던에 '기독교선교회'(The Christian

Mission)가 설립될 때만 해도 이 운동은 교회를 돕기 위한 선교 단체의 개념으로 출발했다. 윌리엄 부스의 목표는 교회가 관심을 두지 않았던 가난한 이들과 노동 계층에게 복음을 전하는 것이었다. 하지만 부스와 선교회 사역으로 회심한 이들을 기존의 교회가 받아들이지 않자, 이들을 보살피고 양육할 수 있는 교회 형태의 공동체가 필요하게 되었다. 결국 기독교선교회는 1878년에 명칭을 '구세군'(The Salvation Army)으로 변경하고 본격적으로 교회의 형태로 발전해 나갔다. 구세군은 1896년부터 우리에게도 잘 알려진 자선냄비 사역을 시작했고, 1908년부터는 우리나라에서도 구세군 사역을 시작해서 오늘에 이르고 있다.[59]

---

59 구세군대한본영 홈페이지에서 요약함.

III

주요 교리 비교

이제, 세 가지 중요한 사항에 초점을 맞추어 각 교파의 공통점과 차이점을 살펴보도록 하자. 첫째로, 각 교파가 기본적으로 받아들이는 신학을 알아볼 것이다. 모든 교리를 다 살펴볼 수 없기 때문에 여기서는 구원에 있어서 하나님의 주권과 인간의 책임 사이의 관계라는 가장 크고 중요한 교리를 중심으로 비교할 것이다. 둘째로, 성례관을 알아볼 것이다. 마지막으로, 교회 정치 체제를 살펴볼 것이다. 로마 가톨릭교회와 동방 정교회는 앞에서 개신교와의 차이를 통해 간단하게나마 살펴보았기 때문에 기본 신학을 설명할 때 따로 언급하지 않고, 성례관과 교회 정치 체제만 비교하겠다.

1. 기본 신학

1) 개혁주의와 루터주의: 장로교회, 루터교회

장로교회가 따르는 개혁주의 신학은 근본적으로 하나님의 영광에 초점을 맞추며 신학적 사색의 출발점으로 하나님의 주권을 강조한다. 루터주의도 마찬가지이다. 인간의 공로로 의로워질 수 있다고 가르친 중세 교회를 비판하면서 루터가 종교 개혁을 일으켰기 때문에, 루터교회도 하나님의 주권을 강조한다. 개혁주의와 루터주의는 엄연히 다른 신학 사상이지만, 하나님의 주권을 강조한다는 면에서는 공통점이 있다. 이 둘은 모든 신학과 신앙생활의 근원이자 목표로서 하나님이 행하신 일들과 그리스도 안에 있는 은혜를 우선시하는 다섯 개의 '오직'을 따른다. 오직 성경(Sola Scriptura), 오직 그리스도(Solus Christus), 오직 은혜(Sola Gratia), 오직 믿음(Sola Fide), 오직 하나님께 영광(Soli Deo Gloria).

종교 개혁 이전의 개혁가들[1]

루터의 종교 개혁에 있어 비텐베르크와 함께 또 다른 출발점으로 여기는 곳이 바로 보름스인데요. 이곳에는 루터 광장이 있고, 광장 안에 루터의 동상이 있습니다. 루터가 성경책을 들고 정면을 바라보고 있는 동상인데요. 그 주위에 십자가를 들고 있는 체코의 종교 개혁가 얀 후스(Jan Hus, 1369-1415년), 이탈리아의 지롤라모 사보나롤라(Girolamo Savonarola, 1452-1498년), 프랑스의 피터 발도(Peter Waldo, 1140-1218년), 그리고 영국의 존 위클리프(John Wycliffe, 1320년경-1384년) 동상들이 있습니다. 이 동상들은 종교 개혁이 루터 혼자의 힘으로 이루어 낸 것이 아님을 잘 보여주는데요. 개혁이 성공하기까지 수많은 사람이 루터보다 앞서 그와 동일한 주장을 외치다가 박해를 받았습니다. 이들을 '종교 개혁 이전의 개혁가들'이라고 부르는데, 이들 중 대표적인 네 명이 루터를 둘러싸고 있는 것입니다.

피터 발도는 1170년에 재산을 팔아 가난한 이들에게 나누어 주고 모임을 조직합니다. 프랑스어로 성경을 번역하고 거리에서 설교를 했는데요. 교육받지 못한 사람들도 이해하기 쉽도록 단순한

---

[1] 김기련, "종교개혁 이전의 개혁자들", 186-222. 황희상, 『특강 종교개혁사』, 70-71. 곤잘레스, 『중세교회사』, 229-251.

설교를 했다고 합니다. 존 위클리프는 최초로 성경을 영어로 번역했습니다. 그는 중세 로마 가톨릭교회의 권력 남용에 관한 부당성을 지적하고, 교황이 아닌 성경이 최고의 권위이자 신앙의 기준이 되어야 한다고 주장했습니다. 위클리프의 성경 번역은 약 150년 후에 윌리엄 틴데일(William Tyndale, 1494-1536년)이 히브리어 성경을 영어로 번역(Tyndale's Version, 1524-1534년)하는 데 큰 도움을 주었습니다. 얀 후스는 보헤미아(오늘날 체코와 슬로바키아) 지역에서 활동했습니다. 체코어 성경을 직접 번역하지는 않았지만, 기존의 체코어 성경을 개정해서 사용했고, 이것이 훗날 프라하 성경으로 출판되었습니다(1488년). 물론 예배도 라틴어가 아닌 체코어로 드렸고요. 후스는 결국 화형을 당하고 마는데요. 체코의 프라하에서는 1915년에 후스의 사후 500주년을 기념하여 후스 동상을 세우기도 했습니다. 후스보다 100여 년 뒤에 출생한 루터는 후스의 『교회론』을 읽으며, "깨닫지 못하고 있었지만, 우리 모두가 후스파다!"라고 외쳤다지요. 후스는 자신을 위클리프의 제자라고 공언했습니다. 마지막으로, 사보나롤라는 루터보다 약 30년 먼저 태어난 개혁가입니다. 성직자들의 부패를 책망하고 교회의 갱신을 촉구하며 성경의 권위를 주장하다가 1498년에 순교합니다. 루터와 칼뱅 같은 종교 개혁자들은 새로운 주장을 한 것이 아니고, 이러한 개혁의 흐름에 영향을 받은 것이지요. 그래서 각론에 있어서는 조금씩 차이가 있지만, 큰 틀에서 보았을 때에는 신학에 큰 차이가 없다고 할 수 있습니다.

참고로, 이들처럼 앞선 세대의 개혁가는 아니었지만 성경 번역으로 개혁에 동참했던 영국의 윌리엄 틴데일은 하나님의 법보다 교황의 법이 더 중요하다고 말하는 사제에게 이런 말을 남겼습니다. "만약 하나님께서 나를 지켜 주신다면, 나는 쟁기를 끄는 소년이 당신보다 성경을 더 많이 알게 할 것이오." 종교 개혁은 이 소망이 현실이 되는 시기였습니다. 당시 사제들이 라틴어를 모른 채로 사제가 되어, 선배 사제에게 들은 내용을 그냥 외워서 예배를 인도했다는 이야기는 잘 알려져 있지요. 영적으로 너무나 갈급했던 성도들이 모국어로 번역된 성경을 읽기 시작하면서 사제들보다 성경을 더 많이 알게 되고, 그럴수록 종교 개혁이 더 널리 퍼져 나가게 되었습니다. 이 소중한 성경을 모두 열심히 읽고 계시지요?

2) 웨슬리주의: 감리교회, 성결교회, 오순절 교회, 구세군

감리교회의 창시자인 존 웨슬리의 신학을 '웨슬리주의'라고 한다. 1784년 존 웨슬리는 영국 성공회의 "39개 신조"를 25개조로 줄여서 "감리회 종교 강령"을 만들었다. 웨슬리가 삭제한 조항은 칼뱅의 예정론이 들어간 17조, 칼뱅의 출교 정신을 반영한 33조,

영국 국교로서 영국 성공회가 세상 권세에 복종할 것을 강조하는 37조 등이다.[2] 웨슬리가 삭제한 항목에서 눈치챌 수 있듯이, 웨슬리주의가 개혁주의와 가장 큰 차이점을 보이는 지점은 예정론이다. 이 신학 사상을 따르는 교파에는 감리교회 외에도 성결교회, 오순절 교회, 구세군이 포함된다.

3) 개혁주의와 웨슬리주의

웨슬리주의를 이해하려면 먼저 아르미니우스주의를 살펴보아야 한다. 이는 네덜란드의 신학자이자 목사인 야코뷔스 아르미니우스(Jacobus Arminius, 1560-1609년)의 사상에서 발견되는 신학 체계인데, 특히 개혁주의의 '예정' 교리를 반박하는 내용을 중심으로 발전했다. 개혁주의에서는 '예정'을 구원받을 개인을 선택하시는 하나님의 무조건적 행위로 보는데, 아르미니우스주의에서는 예정이 개인이 그리스도를 수용하는지 혹은 거부하는지를 보는 하나님의 예지에 기초한다고 가르친다.[3] 개인에게 그리스도를 받아들이거나 거부할 자유 의지가 있다는 것은 자신이 얻은 구원을 상실할 수도 있다는 의미이기도 하다.

아르미니우스가 죽은 후, 그의 제자들이 개혁주의자들에 맞서

---

2 기독교대한감리회 교리와 장정 2019(1편, 2장, 1절 신앙과 교리의 유산).
3 그렌츠 외, 『신학 용어 사전』.

자신들의 신념을 요약하는 다섯 개의 조항을 발표했다. 이를 다음과 같이 요약할 수 있다. (1) 하나님께서는 성령의 은혜를 통하여 하나님의 아들 예수를 믿게 되고 그리고 이 은혜로 마지막 날까지 이 믿음과 믿음의 순종 가운데 인내하게 될 사람들을 그리스도를 통하여 구원하기로 결정하셨다. (2) 예수 그리스도는 모든 사람과 각 사람을 위하여 죽으셨다. (3) 사람은 스스로 구원의 은혜를 소유하고 있지 않다. (4) 하나님의 은혜는 모든 선한 것에 대한 출발이자 지속이며 성취이지만, 불가항력적인 것은 아니다. (5) 그들이 생명의 첫 시작을 다시 저버리고, 악한 세상으로 다시 돌아갈 수 있는지의 문제는 성경으로부터 더욱 상세하게 결정되어야 한다.[4]

이에 개혁주의자들도 "도르트 신조"(Canons of Dort)로 그들에게 맞섰으며, 이 신조는 오랜 후에 튤립(TULIP)이라는 첫 글자 모음으로 요약되었다.[5] TULIP은 다음 다섯 항목의 첫 글자를 모은

---

4 패커, 『알미니우스주의』, 107-110.
5 패커, 『알미니우스주의』, 110-112. 하지만 도르트 신조의 내용을 TULIP으로 요약하는 것은 오해의 소지가 있다. 이 첫 글자의 배열은 항변파의 주장이 전개된 순서와 다르고, 실제 신조에는 '성도의 견인'(Perseverance of the Saints)을 제외하고는 TULIP에 사용된 용어가 등장하지 않기 때문이다. 항변파 주장의 순서에 맞추어 도르트 신조의 반박을 배열하면 다음과 같다. (1) 예지에 기반을 둔 조건적 선택 개념에 대립되는 무조건적 선택(Unconditional Election). (2) 보편적 속죄 개념에 대립되는 제한적 속죄(Limited Atonement). (3, 4) 하나님의 은혜가 있으면 선한 행위를 할 수 있지만 은혜는 불가항력적이지 않다는 개념에 대립되는 전적 타락(Total Depravity)과 불가항력적 은혜(Irresistible Grace). (5) 중생한 모든 신자가 견인에 이를지는 확실하지 않다는 주장에 대립되는 성도의 견인(Perseverance of the Saints).

두문자어(頭文字語)이다. 전적 타락(Total Depravity), 무조건적 선택(Unconditional Election), 제한적 속죄(Limited Atonement), 불가항력적 은혜(Irresistible Grace), 성도의 견인(Perseverance of the Saints).

아르미니우스주의는 인간이 어떠한 영적인 선도 행할 수 없다는 사실을 부인한다. 인간의 본성이 타락의 결과로 손상되고 부패되었지만, 그래도 하나님의 은혜가 주어질 때 그 은혜에 협력할 능력은 남아 있다고 믿는다. 반면, 웨슬리주의는 타락의 결과로 인간은 어떠한 영적인 선도 행할 수 없다고 인정한다. 인간이 하나님과 협력할 수 있는 능력을 공급받는 것도 순전히 하나님의 은혜라고 믿는다.[6]

일반적으로 아르미니우스의 제자들의 사상을 '이성주의적 아르미니우스주의' 혹은 '항변파 아르미니우스주의'라고 부른다. 이와 구분하기 위해, 웨슬리가 수정한 사상은 '복음주의적 아르미니우스주의' 혹은 '웨슬리안 아르미니우스주의'라고 부른다. 양쪽 모두 구원에 있어 인간의 협력을 인정하지만 항변파 아르미니우스주의는 인간의 협력에 비중을 두고, 웨슬리안 아르미니우스주의는 그 협력하는 능력을 주시는 하나님의 은혜를 강조한다.[7]

이러한 아르미니우스주의적인 특징 외에 개혁주의와 웨슬리주

---

[6] 패커, 『알미니우스주의』, 28. Wynkoop, *Foundations of Wesleyan-Arminian Theology*, 64-69.
[7] 패커, 『알미니우스주의』, 88.

의의 차이점 중 살펴보아야 할 신학으로 '완전 성화론'이 있다. 웨슬리는 신자의 성화 과정에서 특정 순간에 성화를 크게 완수할 수 있는 획기적 전기가 있고, 죄를 의도적으로 짓지 않는 상태에 이르는 '완전 성화' 혹은 '그리스도인의 완전'이 가능하다고 가르쳤다. 루터교회와 장로교회에서는 이 세상에서 완전한 성화는 불가능하다고 믿는 반면에, 감리교회에서는 이 교리를 믿는다. 감리교회가 믿는 '완전 성화'는 적극적인 의미에서는 완전한 사랑, 소극적인 의미에서는 죄로부터의 구원이라고 할 수 있는데, 이는 절대적 의미에서의 거룩함을 말하는 것은 아니고, 의도적으로 죄를 짓지 않는 정도의 상대적 완전을 의미한다.[8] 그렇다고 하더라도 루터교회와 장로교회의 교리와는 큰 견해 차이를 보이는 지점이다.[9]

이단 논의(3): 아르미니우스주의의 후예들[10]

네덜란드의 칼뱅파와 항변파의 갈등을 해결하기 위해 1618년

---

8 Wesley, *A Plain Account of Christian Perfection*, 42.
9 기독교대한감리회 교리와 장정 2019(1편, 2장, 1절, 50번 '성화와 완전')에서도 성화와 완전을 감리교회 신앙의 강조점 중 하나로 설명한다. "회개와 칭의를 통해 죄 사함을 받은 우리는 계속해서 성화와 그리스도인의 완전을 목표로 성장하게 된다. 성화의 목표인 완전은 인간의 본래적인 하나님의 형상을 회복하고 완성하는 것이다."
10 패커, 『알미니우스주의』, 41-45. Ahlstrom, *A Religious History of the American People*, vol. 1, 471-488.

11월부터 1619년 5월까지 약 7개월간 네덜란드 도르트(Dort)에서 교회 회의가 열립니다. 이 회의에서 아르미니우스주의를 정죄하고, 칼뱅주의 5대 교리로 알려진 "도르트 신조"를 발표합니다. 그래서 개혁주의 입장에서는 아르미니우스주의를 이단으로 생각하는 경향이 있습니다. 하지만 그때 도르트 회의에서 정죄했던 아르미니우스주의는 오늘날 감리교 등의 신학을 이루고 있는 웨슬리안 아르미니우스주의와 다릅니다. 앞에서 설명했듯이, 전자는 사람의 본성이 완전히 부패했다는 점을 부정하고, 사람에게 자유 의지가 있다고 믿는 반면, 후자는 사람의 완전한 타락을 인정하고, 본성상 사람의 의지는 악을 행하는 일에만 자유롭다는 사실을 일관되게 주장합니다.

그런데 웨슬리안 아르미니우스주의를 따르는 이들이 감리교회를 형성했다면, 항변파 아르미니우스주의를 따르는 사람들은 어떤 교파를 형성했을까요? 학문적인 영향을 떠나 교파의 관점에서 영향을 받은 교파가 두 개 있습니다.

첫째, 영국 성공회 내의 한 흐름인 '광교회파'입니다. 광교회파는 예전, 교회 조직과 같은 것들은 중요하게 여기지 않고, 인간의 이성과 실천적인 도덕성에 강조점을 두는데요. 이 흐름이 아르미니우스주의로부터 이어진 것입니다. 영국 엘리자베스 1세와 제임스 1세의 뒤를 이어 왕위에 오른 찰스 1세는 청교도들을 심하게 핍박했습니다. 그래서 분리파 청교도들이 1620년에 핍박을 피해 메이플라워호를 타고 미국 플리머스(Plymouth)로 첫 이민을 떠나기도 했지요. 찰스 1세와 영국 국교회 캔터베리의 대주교였던 윌리엄 로드(William Laud, 1573-1645년)는 아르미니우스주의자들을 우대했습니다. 그리고 이들의 신학이 당시 널리 퍼지기 시작한 이성과 인간의 선한 의지를 중시하는 케임브리지 플라톤주의자들(Cambridge Platonists)의 사상과 결합하면서 광교회주의를 형성하게 되었습니다.

둘째, 미국에서 발전한 '유니테리언주의'(Unitarianism)인데요. 사실 교파라고 할 수는 없고 이단 그룹입니다. 유니테리언은 삼위일체를 부인합니다. 아르미니우스주의가 직접적으로 유니테리언 교파를 형성하게 되었다고는 할 수 없지만, 교파 형성에 기여한 여러 요소 중 하나였던 것은 분명합니다. 아르미니우스주의는 인간의 원죄와 하나님의 불가항력적 은총을 주장한 개혁주의의 반대편에서 인간의 이성과 결정권을 강조하였는데요. 그래서 이성을 중시했던 뉴잉글랜드 지역에서는 이 사상을 빠르게 받아들였습니다.

뉴잉글랜드 지역의 대표적인 대학은 1636년에 설립된 하버드 대학입니다. 미국 초기에 설립된 다른 대학들과 마찬가지로 청교도 목회자 양성을 위해 설립되었지요. 그런데 1700년대 들어서면서 이 학교가 아르미니우스주의를 수용하기 시작합니다. 그러자 정통 개혁주의를 따르던 청교도의 후예들이 자녀들을 이곳에 보낼 수 없다고 결론 내리고 그 대안으로 예일 대학을 설립합니다. 조너선 에드워즈가 바로 이 대학의 초창기 학생이었습니다. 에드워즈가 평생 맞서 싸웠던 아르미니우스주의가 이러한 형태의 아르미니우스주의였습니다. 에드워즈의 졸업 논문인 "Justification by faith alone"(오직 믿음으로 의롭게 됨)이 하버드 대학에서 널리 받아들여지던 아르미니우스주의에 대항하는 내용인 것을 보면 두 대학의 관계를 짐작할 수 있습니다.

그렇다고 당시 하버드를 졸업한 학생들이 모두 유니테리언 교파를 형성한 것은 아니었습니다. 대다수는 뉴잉글랜드 지역의 회중 교회 목회자가 되었습니다. 하지만 아르미니우스주의의 영향을 받은 일부 목회자들을 중심으로 유니테리언주의가 발전하기 시작했습니다. 그리고 다수의 유니테리언 교회들은 '유니테리언 유니버설리즘'(Unitarian Universalism)을 수용하면서 다원주의 종교의 형태로 진화합니다.

하버드 대학도 아르미니우스주의를 받아들인 지 오래지 않아 유니테리언 교파의 전통을 이어받는 대학으로 변모하고 결국 다원주의를 받아들입니다. 최근 하버드 대학 신학부의 채플에는 기독교, 불교, 힌두교, 이슬람, 성소수자(LGBT)를 위한 채플들이 포함되어 있습니다.

4) 공존형: 침례교회, 성공회

(1) 침례교회

최초의 침례교회는 존 스미스(John Smyth, 1570-1612년)가 암스테르담에 세운 '신자의 교회'(1609년)이다. 이 교회 성도 중 토머스 헬위스(Thomas Helwys, 1575-1616년)를 포함한 일부가 다시 영국으로 돌아가서 1612년경 런던에 영국 최초의 침례교회를 설립한다. 이 교회가 '일반 침례교회'인데, 이들은 그리스도의 피가 모든 사람을 위하여 흘려졌다고 믿는 '일반 속죄론'을 받아들였다. 한편, 침례교의 기원에는 또 하나의 흐름이 있는데, 청교도 헨리 제이컵(Henry Jacob, 1563-1624년)이 1616년에 세운 교회와 관련이 있다. 이 교회는 침례교회는 아니었고 독립 회중 교회였다. 1638년에 존 스필즈버리(John Spilsbury, 1593-1668년) 등 몇몇이 유아 세례를 반대하고 신자의 침례를 주장하면서 이 교회를 떠나 새로운 교회를 설립했는데, 이것이 또 다른 침례교의 시작이다. 이들은 영국 청교도의 개혁주의 교리를 따라, 그리스도의 피는 특별히 택자를 위해서만 흘려졌다고 믿는 '특수 속죄론'을 주장하였기에 '특수 침례교회'라고 불렸다. 구원론의 관점에서 볼 때 일반 침례교회는 아르미니우스주의를, 특수 침례교회는 개혁주의를 받아들였다. 이들은 각각 독립적으로 발전했는데, 웨슬리의 부흥 운동에 자극을 받아 결국 신학적 차이를 극복하고 1891년에 양 교단이 통합된다. 그러므로 현재 침례교에는 개혁주의와 아르미니우스주의, 즉 장로교적인 구원론과 감리교적인 구원론이 공존하며, 따라서 하나님의 주권과 인간의 책임이라는 범주의 신학에서 공존형이라고 할 수 있다.[11]

(2) 성공회

영국 성공회는 1553년 에드워드 6세 때 작성된 "42개 신조"와 1563년 엘리자베스 1세 때 작성된 "39개 신조"를 신앙 고백서로 받아들인다. 그런데 이 42개 신조는 피터 마터 버미글리(Peter Martyr Vermigli, 1499-1562년)와 마르틴 부서 같은 개혁신학자들을 중심으로 작성되었기에 그 내용에 있어 개혁주의와 일치하는 부분이 많다.[12] 그러나 앞에서 살펴본 것처럼 성공회 안에는 고교회파, 광교회파, 저교회파 등 다양한 신학적 흐름이 존재하기에 이들의 신학을 하나로 통일해서 말할 수는 없다.[13]

---

11 남병두, 『기독교의 교파』, 97.
12 황희상, 『특강 종교개혁사』, 324-325.
13 패커, 『알미니우스주의』, 45. 성공회 내 개혁주의 신학자인 제임스 패커는 이렇게 말한다. "성공회 신학자들은 소수의 예외를 제외하고는 유형상 알미니우스주의자였고, 진실로 지금까지도 그러하다."

2. 성례

1) 성례 개요

성례는 그리스도께서 제정하신 예식으로, '내적이고 영적인 은혜의 외적이고 가시적인 표지(sign)'라고 정의할 수 있다. 모든 교파에서 성례는 그리스도의 죽음과 부활을 상징하며, 성례가 주는 특별한 유익이 있다고 믿는다. 하지만 성례의 구체적인 내용에서는 견해가 다양하다. 로마 가톨릭교회와 동방 정교회는 표지 자체가 그것이 의미하는 것이 된다고 믿는다. 즉, 성례 자체로부터 은혜가 전달된다고 믿는다.[14] 다른 한쪽에서는 성례를 순수하게 상징적으로 이해한다. 주로 침례교회의 입장이다. 이들은 외적 의식은 단지 상징일 뿐이고, 그 자체에는 효능이 없다고 믿는다. 그리고 외적인 형태의 성례를 거부하는 구세군을 제외한 대부분 교파들의 성례 이해는 이 둘 사이에 위치해 있다.

그중에서 먼저 장로교회의 성례관부터 살펴보자. 장로교회의 성례 이해는 언약 개념에 바탕을 둔다. 장로교회의 관점에서 성례는 하나님께서 인간과 세우신 언약을 수행하고 계신다는 표시이자 인침이다. 성례는 언약 안에 있는 성도들에게 하나님께서 언약의 유

---

14 가이슬러, 『로마 카톨릭주의와 복음주의』, 363.

익을 전달하시는 수단이다.¹⁵ 그래서 장로교회는 성례를 통해 은혜가 전달된다는 사실을 분명하게 믿는다. 하지만 성례 그 자체를 스스로 역사하는 은혜의 수단이라고 보지는 않는다. 또 은혜를 전달하는 어떤 고유한 내용들이 그 의식 자체에 들어 있다고 여기지도 않는다. 성례 자체에 효능이 있다는 로마 가톨릭교회나 동방 정교회의 관점에 반대하는 것이다. 동시에 장로교회는 성례를 단순한 기념이나 상징만으로 이해하는 침례교회의 관점에도 반대한다. 장로교회는 침례교회와 달리 성례에 효능이 있음을 믿지만, 로마 가톨릭교회나 동방 정교회와 달리 성례 자체가 아니라 그 성례를 통해서 역사하시는 성령의 사역으로 말미암아 유익이 주어진다고 주장한다.¹⁶

---

15 장로교회가 받아들이는 "웨스트민스터 대요리 문답"(The Westminster Larger Catechism) 162번은 성례를 이렇게 정의한다. "성례는 그리스도께서 자기 교회 안에 제정하신 거룩한 규례이니, 이 규례는 은혜의 언약 안에 있는 자들에게 주의 중보의 혜택을 표시하시고 인치시고 나타내시기 위한 것이며, 그들의 신앙과 다른 모든 은혜를 강화하고 더하게 하기 위한 것이며, 그들로 하여금 순종하게 하기 위한 것이며, 상호 간에 사랑과 교통을 증거하고 소중히 기르며 그들을 은혜의 언약 밖에 있는 자들과 구별하기 위한 것이다." 칼빈, 『기독교 강요』, 4.14.1. 한편, 칼뱅은 성례를 이렇게 정의한다. "그것은 주께서 우리의 연약한 믿음을 지탱시켜 주시기 위하여 우리를 향하신 그의 선하신 약속들을 우리의 양심에 인치시는 하나의 외형적인 표지(sign)이며, 또한 우리 편에서는 주와 그의 천사들과 사람들 앞에서 그를 향한 우리의 경건을 인증하는 표지라 할 수 있을 것 같다."
16 웨스트민스터 대요리 문답 161번은 성례의 효능을 이렇게 설명한다. "성례가 구원의 유효한 방편이 되는 것은 그들 자체 안에 있는 어떤 능력이라든지 혹은 그것을 거행하는 자의 경건이나 의도에서 나오는 어떤 효능으로 말미암는 것이 아니고 다만 성령의 역사와 그것을 제정하신 그리스도의 복 주심으로 말미암는 것이다." 칼빈, 『기독교 강요』, 4.14.9. 칼뱅은 성례에서 성령의 역할을 이렇게 설명한다. "만일

성공회의 39개 신조를 보면 성공회도 장로교회와 입장이 비슷하다.[17] 다만 성령의 역사가 분명하게 기술되어 있지는 않다. 한편, 감리교회도 성공회와 비슷한 입장을 취한다. 웨슬리가 감리교회의 종교 강령을 제정할 때 39개 신조 중 14개를 삭제했는데 성례에 관한 조항은 그대로 유지했다. 앞에서 살펴보았듯이, 성결교회와 오순절 교회는 감리교회의 교리에서 출발했기 때문에, 성례에 대한 견해에 있어서도 큰 틀에서는 차이가 없다. 루터교회는 성례 자체의 효능을 반대한다는 면에서는 장로교회와 비슷하지만, 장로교회와 비교했을 때는 로마 가톨릭교회와 좀 더 가깝다. 루터파에게 성례는 단순한 표지나 기념이 아니라 하나님께서 용서와 은혜를 베풀어 주시는 통로 혹은 수단이다.

구세군은 세례나 성찬을 의식으로 시행하지 않는다. 구세군을 창시한 윌리엄 부스는 원래 감리교회 목사였기 때문에 웨슬리의 성례관에 대체로 동의하고 있었다. 그래서 1883년 1월까지는 성만찬과 물세례를 시행했다가 중단한다. 그 이유는 크게 두 가지이다.

성령께서 역사하시지 않으면, 성례는 우리 마음에 아무것도 이룰 수가 없다. 마치 태양의 광채가 소경의 눈에 비치고, 귀머거리의 귀에 소리가 울려 퍼지는 것과도 같은 효과밖에는 낼 수가 없는 것이다."

17 성공회 39개 신조 중 제25조는 성례를 이렇게 정의한다. "그리스도께서 제정하신 성사는 그리스도인의 신앙 고백에 대한 징표요 표시일 뿐만 아니라 확실하고 분명한 증거이며, 우리를 향한 하느님의 은총과 선하신 뜻에 대한 효과적인 표시이다. 이 성사를 통하여 하느님께서는 우리 안에서 보이지 않게 활동하시며, 그리스도를 향한 우리의 신앙에 활력을 주고 굳세게 하며 견고하게 한다." 대한성공회 분당교회 홈페이지(https://www.skhbundang.or.kr/557)에서 번역함.

첫째, 외형적 종교의 형태를 피하고자 했기 때문이다. 부스는 교회라는 제도의 형태에 제한을 두지 않고 선교 사업의 목표를 달성하는 데 도움이 되는 수단들을 다 사용하고자 했는데 외적인 종교 의식으로서 성례를 시행하는 것은 도움이 되지 않는다고 판단한 것이다. 둘째, 성결 운동의 영향이다. 19세기 성결 운동의 영향으로 부스는 성례신학보다 성령론을 더 중요한 위치에 두게 된다. 즉, 그리스도의 임재는 외적인 형태의 의식에 의존하지 않고도 얼마든지 가능하다고 믿었다. 그래서 성도들이 외적인 의식 자체를 신뢰하게 될 위험을 감수하면서 성례를 시행할 필요가 없다고 판단한 것이다.[18] 그러므로 각 교파의 세례와 성찬에 대한 입장을 살펴보는 다음 단락에서는 구세군을 따로 다루지 않겠다.

2) 세례(침례)[19]

(1) 세례의 효과

로마 가톨릭교회와 동방 정교회에서는 세례 그 자체에 은혜가 전달되는 효과가 들어 있다고 믿는다. 세례받는 사람이 영적 죽음

---

18 Merritt, *Historical Dictionary of The Salvation Army*, 488-489.
19 세례의 방법이 반드시 침수례여야 한다고 주장하는 교파에서는 '침례'라는 용어를 고수하지만, 혼동을 피하기 위해서, 일반적인 세례/침례를 가리킬 때는 '세례'로 통일해서 논의를 진행하겠다.

에서 생명으로 옮겨지는 변화가 발생한다는 것이다.[20] 즉, 세례를 구원을 가져오는 은혜의 수단으로 본다. 반대로, 침례교회는 세례가 단지 구원의 상징일 뿐이라고 믿는다. 세례를 일종의 증거, 즉 이미 신자 안에서 이루어진 내적 변화를 나타내는 외적인 상징으로 보는 것이다. 그래서 세례는 세례받는 사람에게 어떠한 영적인 변화도 일으키지 않는다고 생각한다. 세례의 행위 자체에는 직접적인 영적 유익이나 축복을 전달하는 효과가 없다는 것이다. 그러므로 믿음이 있다면 세례를 받지 않았더라도 구원받을 수 있다고 여긴다.

대부분의 교파는 이 두 견해의 중간 입장을 취한다. 루터파는 세례의 시행 자체가 세례받는 사람을 구원한다고 믿지 않는다. 루터파의 견해에 의하면, 믿음이 없는 사람에게는 세례가 아무런 효력이 없다. 믿음이 선행 요건이다. 그러나 한편으로는 성례를 매우 귀하게 여기며, 세례를 구원에 필수적인 요소로 간주한다. 루터교회에서 받아들이는 아우크스부르크 신앙 고백서 제9항은 세례가

---

20 이에 관해, 제2차 바티칸 공의회의 결정을 반영하여 개정된 "가톨릭 교회 교리서" (2편, 2부, 1절, 6항, 1257번)에서는 이렇게 말한다. "세례는 복음을 듣고 이 성사를 청할 수 있는 사람들의 구원에 필수적이다. 교회는 영원한 행복에 들기 위한 확실한 보증으로 세례 이외의 다른 방도를 가지고 있지 않다." 그러나 이어지는 교리 1258번은 세례받지 않은 사람도 구원받을 수 있다는 가능성을 제시한다. "교회는 예로부터, 세례는 받지 않았으나 신앙 때문에 죽임을 당하는 사람들은 그리스도를 위하여, 그리스도와 함께 죽은 그 죽음을 통하여 세례를 받는다는 굳은 신념을 간직해 왔다."

구원에 필수적이며, 하나님의 은혜가 세례를 통해 제공된다고 진술한다.[21] 루터는 그의 소교리 문답에서 세례가 죄를 용서해 주고, 죽음과 마귀에게서 구원해 준다고 밝힌다. "믿고 세례를 받는 사람은 구원을 얻을 것이요"(막 16:16)라고 성경에서 말씀하고 있기 때문이다. 루터는 세례가 생명을 주는 이유를 이렇게 설명한다. "물은 절대 그런 일을 못합니다. 그러나 하나님의 말씀이 물과 함께 그리고 그 곁에 있기 때문에 가능합니다. 그리고 신자는 바로 그 일을 행하는 하나님의 말씀이 물 가운데 있다는 것을 믿는 것입니다."[22] 그러므로 루터교회는 장로교회보다는 세례 자체의 효능을 더 강조하지만, 그 효능이 오직 말씀과 그에 대한 신앙에 근거한다고 보는 점에서는 가톨릭교회와 차이가 있다.

장로교회는 언약의 관점에서 세례를 이해한다. 그래서 구약성경에 나오는 할례와 마찬가지로, 세례도 우리에게 하나님의 약속들을 보증해 주는 것이라고 믿는다. "구원에 있어 세례가 필수적인가?"라는 차원에서 보면, 장로교회는 루터교회보다는 세례를 덜 강조하고 침례교회보다는 더 강하게 받아들인다. 장로교회에서는 세례가 표지(Sign)이자 인(Seal)이며, 세례를 믿음으로 받아들이는 이들에게는 은혜가 임한다고 믿는다.[23] 세례는 단지 상징에 불과하

---

21 http://bookofconcord.org/augsburgconfession.php#article9.2.
22 루터, 『마르틴 루터 소교리문답·해설』, 63-64.
23 웨스트민스터 대요리 문답 165번을 보라. "세례란 무엇인가?" "세례는 그리스도께서 성부와 성자와 성령의 이름으로 물로 씻는 신약의 한 성례이다. 이것은 그리스

지 않고, 신자의 믿음 성장을 도와주며 신자가 깨끗이 씻음받은 사실을 보증하고 증거하지만, 구원에 필수적이지는 않다고 보는 것이다.[24] 성공회의 신조도 비슷하다.[25] 그리고 감리교회와 성결교회, 오순절 교회의 입장도 이와 비슷하다.

여기서 잠깐 오순절 교회의 성령 세례 교리를 간단하게 살펴보자. 기본적으로 오순절 교회는 세례에 대해 장로교회, 감리교회, 성공회와 비슷한 입장이다. 하지만 이들은 '성령 세례'를 강조한다. 미국 교단인 '하나님의성회'에는 "16가지 근본 진리"(Assemblies of God 16 Fundamental Truths)가 있는데, 제7번 '성령 세례'에서는 모든 신자가 중생과 구분되는 성령 세례를 추구해야 한다고 권면하고, 제8번 '성령 세례의 초기 증거'에서는 방언이 성령 세례의 증거라

도 자신에게 접붙이고, 그의 피로 죄 사함을 받고, 그의 영으로 거듭나고, 양자가 되어 영생에 이르는 부활의 표와 인침이다. 이로서 세례받은 당사자들은 엄숙히 유형적 교회에 가입하게 되어 전적으로 오직 주께만 속한다는 약속을 공개적으로 고백함으로 맺어지게 되는 것이다."

24 칼빈, 『기독교 강요』, 4.15.22. 세례 자체보다 하나님의 약속이 더 중요하다는 사실을 이렇게 설명한다. "혹시 어린아이들이 물에 몸을 잠그기 전에 사망했다 할지라도 그 때문에 천국에서 제외되는 것은 아니라는 원리가 그것이다. … 후에 성례에 일종의 인이 첨가되지만, 그것은 하나님의 약속이 그 자체로서는 소용이 없기 때문에 그런 인을 통해서 효력을 발생케 하기 위한 것이 아니고, 그 약속의 효력을 우리에게 확증시켜 주기 위한 것일 뿐이다."

25 성공회의 39개 신조 중 제27조는 세례를 이렇게 설명한다. "세례는 신앙 고백의 징표이며, 신자와 불신자를 구별하는 표시일 뿐만 아니라 거듭남과 새로운 탄생의 징표이다. 이 징표를 도구로 하여 세례를 올바르게 받은 사람은 교회에 결합되며, 죄의 용서와 성령에 의하여 우리가 자녀로 받아들여진다는 약속이 가시적으로 드러나며 보증을 받는다." 대한성공회 분당교회 홈페이지에서 번역함.

고 주장한다.[26] 오순절 교회는 물세례도 중요하다고 생각하지만 성령 세례를 받는 데 필수적인 과정이라고는 생각하지 않는다. 물세례는 성령 세례 앞에 올 수도 있고, 뒤따라 받을 수도 있다.

(2) 세례의 방법

세례의 방법에는 몸 전체를 물속에 담그는 침수례, 물을 머리에 찍는 점수례, 물을 머리에 뿌리는 살수례, 물을 머리에 붓는 주수례(관수례) 등이 있다. 대다수의 교파가 세례의 형식에 대해 비교적 자유롭다.[27] 신약성경 시대에 침례 방식만 사용된 것은 아니라고 보기 때문이다. 그러므로 침례만이 세례를 상징한다고 여기지 않는다. 세례 의식에서 중요한 것은 죽음과 부활을 묘사하는 것이 아니라 정결(Purification)을 나타내는 것이다.

---

26 https://ag.org/Beliefs/Statement-of-Fundamental-Truths. 이는 한국 교단도 마찬가지이다. 기독교대한하나님의성회 교단 헌법(5장, 17조)을 보면 성령 세례의 증거를 이렇게 진술한다. "성령 세례의 외적 증거는 방언을 말하는 것이며 이 증거의 방언은 은사의 방언과 본질은 같으나 그 목적과 역사는 다르다."
27 예를 들어, 가톨릭 교회 교리서 1239번을 보라. "이 세례는 세례수에 세 번 잠김으로써 의미 깊게 이루어진다. 그러나 오랜 관습에 따라 예비 신자의 머리에 세 번 물을 붓는 방식으로도 베풀 수 있다." 장로교에서 받아들이는 웨스트민스터 신앙 고백서 28장, 3조를 보라. "세례받는 자가 물에 들어갈 필요는 없고, 다만 세례는 머리 위에 물을 붓거나 뿌림으로써 적절하게 시행된다." 침수례가 꼭 필요한 것은 아니라고 진술하기 때문에, 침수례의 방식을 배제하는 것도 아님을 알 수 있다. 칼빈, 『기독교 강요』, 4.15.19. 칼뱅은 이렇게 설명한다. "세례를 받는 사람이 물속에 완전히 잠겨야 하는가 - 세 번이든 한 번이든 - 아니면 물을 뿌리기만 하면 되는가 하는 세세한 문제는 중요하지 않다. 다양한 풍토에 따라서 교회들의 재량에 따라서 시행하여야 할 것이다."

그러나 침수례를 행하는 교파들은 이해가 조금 다르다. 침례교회는 수세자가 물에 잠기는 침수례만을 인정한다. 침수례 때 물에 들어가는 것은 죽음을, 물에 완전히 잠기는 것은 장사지냄을, 그리고 물에서 나오는 것은 부활을 의미한다고 믿는다.[28] 침례교회 외에도 동방 정교회와 대다수의 오순절 교회들이 침수례를 한다.[29] 성결교회는 이에 관해 조금 복잡한 역사가 있다. 성결교회의 모태가 된 동양선교회를 후원한 만국성결교회는 특별한 수세 방법을 강조하지 않았지만, 성결 운동의 지도자였던 심프슨과 동양선교회는 침수례를 강조했다. 그래서 초기 한국 성결교회도 침수례를 강조했다. 하지만 현재 한국 성결교회는 침수례를 권유하기는 하지만, 수세 방법을 한정하지는 않는다.[30]

---

28 "침례교의 신앙과 메시지 2000"(7조, '침례와 주의 만찬')에서는 침례를 이렇게 설명한다. "기독교인의 침례는 성부, 성자, 성령의 이름으로 물속에 잠기는 것을 뜻한다. 이것은 십자가에 달려 죽으신 후, 장사되었다가 부활하신 구세주를 믿는 믿음과 죄에 대하여 죽고, 이전의 삶을 장사지내며, 예수 그리스도 안에서 새로운 삶으로 부활함을 상징하는 순종의 행위이다."
29 한국 정교회에서는 세례의 방식을 이렇게 설명한다(https://www.orthodoxkorea.org/정교회-소개/). "성부 성자 성령 성삼위 하느님의 이름으로 세례의 물 속에 세 번 들어갔다 나오는 침례를 통해 우리는 죄의 삶의 방식에 대해서는 죽고 그리스도 안에 있는 새 생명으로 태어납니다." 한편, 오순절 교회 교단인 기독교대한하나님의성회 헌법을 보면 세례 대신 침례라는 용어를 사용하여 제19조에서 이렇게 진술한다(http://www.korea-ag.com/img/헌법.pdf). "침례는 성부 성자 성령의 이름으로 사람의 몸을 완전히 물에 잠그어 예수와 함께 죽고 물에서 올라옴으로 예수와 함께 살아나서 새 생명으로 예수를 주와 그리스도로 모셔드리는 거룩한 의식이니, 이는 사람이 진심으로 회개하고 중생하여 그리스도와 온전히 연합한 표적을 세상에 공포하는 것이다."
30 기독교대한성결교회 헌법에서는 '침례'가 아닌 '세례'로 표기한다. 한편, 또 다른 성

(3) 유아 세례에 대한 입장

대부분의 교파가 유아 세례를 시행한다. 외적인 의식으로서의 성례 자체를 거부하는 구세군을 제외하면, 침례교회와 다수의 오순절 교회에서만 유아 세례를 시행하지 않는다. 로마 가톨릭교회와 동방 정교회에서는 세례가 구원에 필수적인 요소라고 생각하기 때문에 유아 세례를 시행한다.[31] 루터교회, 성공회, 장로교회, 감리교회는 유아 세례가 구원에 필수적인 것은 아니지만, 그럼에도 불구하고 반드시 시행해야 하는 성례로 여긴다.[32] 초기 한국 성결교회에서는 자녀를 하나님의 자녀로 키우겠다고 서약하는 예식인 헌아식(獻兒式)을 했지만, 기독교대한성결교회의 경우 여러 신학적 논의를 거쳐 1996년부터는 유아 세례를 시행하고 있다.[33]

결 운동에 뿌리를 둔 나사렛 교단도 수세 방법을 한정하지 않는다. 대한기독교나사렛성결회 헌법에서는 세례를 신청자의 선택에 따라 점수례, 주수례, 침수례로 베풀 수 있다고 밝힌다.

[31] 예를 들어, 가톨릭 교회 교리서 1250번을 보라. "어린아이들도 원죄로 타락하고 더러워진 인간의 본성을 지니고 태어나므로, 어둠의 세력에서 해방되어, 하느님 자녀들이 누리는 자유의 영역으로 옮겨 가기 위해 세례로 새로 나야 한다. 모든 사람이 그러한 부름을 받는다."

[32] 성공회는 39개조 신조 중 제17조에서 이렇게 밝히고 있다. "유아 세례는 그리스도의 제정하신 것에 가장 잘 조화되는 것으로서 교회 안에서 무슨 일이 있어도 보존되어야 한다." 장로교회는 웨스트민스터 대요리 문답 166문에서 "그리스도를 믿는 신앙과 그를 향한 순종을 고백하는 양친 또는 그중 한 사람만 믿는 부모에게서 난 어린 아기들은 그 점에서 언약 안에 있으므로 세례를 베풀 수 있다"라고 규정한다. 감리교회 종교 강령 제17조 세례에서도 이렇게 기술한다. "세례는 공인하는 표와 그리스도인을 세례받지 아니한 사람과 분별하게 하는 표적이 될뿐더러 중생 곧 신생의 표가 되는 것이요. 또 어린이에게 세례를 행하는 것도 교회에 보존할 것이다."

[33] 기독교대한성결교회 헌법 34조에서는 유아 세례 교인을 "세례 교인의 자녀로서 예

침례교회에서는 세례받기에 합당한 대상이 누구인지를 매우 중요하게 여긴다. 세례받을 후보자들은 이미 믿음에 기초한 중생을 체험하고 신앙을 고백하는 사람들이어야 한다. 그래서 침례교회는 모태신앙을 인정하지 않고, 유아 세례도 거부한다. 어린아이는 자기의 믿음을 스스로 고백할 수 없기 때문이다. 다수의 오순절 교회와 예수교대한성결교회도 이러한 입장을 따른다.[34]

초대 교회의 세례 교육[35]

세례의 방법과 유아 세례의 시행 여부를 논할 때면 으레 '초대 교회에서는 어떻게 했을까'라는 질문이 따라옵니다. 이 질문에 답하기는 쉽지 않습니다. 이에 대한 기록이 거의 없기 때문입니다. 한두 교회가 어떤 방식을 택했다는 기록이 있다고 하더라도 그 방식이 전체 교회에서 행해졌는지도 알 수 없습니다. 참고로, 3세기 초 저작인 〈사도 전승〉에서는 세례가 침수례의 형식으로만 묘

문에 의하여 유아 세례를 받은 2세 이하인 자"라고 정의한다. 한편, 같은 성결 운동에 뿌리를 둔 나사렛 교단도 유아 세례를 시행한다.
34 기독교대한하나님의성회 헌법 33조 예식과 예수교대한성결교회 헌법 27조 예식의 구분을 보면 헌아식은 있지만 유아 세례는 없다.
35 히뽈리뚜스, 『사도 전승』, 112-141. 옥성득 교수의 한국 기독교 역사 블로그 (https://koreanchristianity.tistory.com/263)에서 허락을 받은 후 요약함.

사되어 있습니다. 이보다 앞서 기록된 것으로 보이는 〈디다케〉에서는 흐르는 물로 하면 좋지만 없으면 다른 물로 하고, 둘 다 없으면 아버지와 아들과 성령의 이름으로 머리에 세 번 물을 부으라고 알려 줍니다.

로마 가톨릭교회와 동방 정교회는 모두 자신들이 초대 교회 전통을 보존하고 있다고 주장하지만 동방 정교회는 침수례를 실행하고 로마 가톨릭교회는 침수례뿐 아니라 주수례도 인정합니다. 또 침례교회는 초대 교회로 돌아가겠다는 모토로 신자의 침례를 주장하면서 신앙을 고백하지 못하는 유아에게 주는 세례를 인정하지 않지만, 역시 초대 교회의 전통을 보존한다는 로마 가톨릭교회와 동방 정교회는 유아 세례를 실시하고 있으니, 그 전통에서 답을 찾는 것은 어려운 일입니다.

한편, 분명하게 답을 찾을 수 있는 세례 관련 내용도 있습니다. '세례 교육이 어떻게 이루어졌는가' 하는 것입니다. 성경이 기록될 당시 초대 교회의 기록을 보면 기독교로 개종하자마자 세례를 받는 내용이 나옵니다. 오순절에 예루살렘에 모인 삼천 명뿐 아니라 에티오피아 내시, 고넬료 등이 모두 복음을 받아들임과 동시에 세례를 받았습니다. 이단인 '하나님의교회 세계복음선교협회'는 초대 교회 때에는 말씀을 깨달은 즉시 별도의 교육 없이 침례를 받았다고 가르칩니다.

하지만 실제로는 그 반대였습니다. 성경에 기록된 예들은 대부분 그들이 유대교 출신이거나 기독교 배경 속에서 살았기에 가능한 일이었습니다. 그 후에는 교회 내에 이방인의 숫자가 증가하면서 세례를 위한 교육과 준비 기간이 점점 늘어납니다. 〈사도 전승〉에는 세례 교육에 평균 3년의 기간이 걸렸다고 나옵니다. 물론 기계적으로 적용한 것은 아니고, "열성적이고 이에 잘 적응하는 사람이면, 기간에 좌우되지 말고 오직 생활에 따라 판단할 것이다"라고 유연하게 대처하기도 했습니다. 수세자의 태도가 중요했다는 뜻입니다. 아무튼 오늘날보다 더 오랜 기간 동안 교육하며 기독교의 내용을 철저하게 가르쳤음을 알 수 있습니다.

무엇보다 인상적인 것은 세례 자격을 철저하게 검토한 것입니다. 처음 교회에 나온 사람들은 먼저 교회 지도자들 앞으로 인도되어 믿으러 오게 된 동기를 밝혀야 했습니다. 그리고 그들이 세례를 받기 원하면 그들의 일과 직업, 생활 환경 등을 점검했습니다. 〈사도 전승〉의 기록입니다. "만일 창녀들을 조종하는 포주이면, 그만둘 것이며 (그렇게 하지 않으면) 돌려보낼 것이다. 만일 조각가나 화가이면, 우상들을 만들지 말도록 가르칠 것이다. 그는 그만둘 것이며 (그렇게 하지 않으면) 돌려보낼 것이다." 이 직업의 명단에서는 군인도 제외되었는데요. 아마도 사람을 죽이는 직업이라는 이유뿐 아니라, 더 근본적인 이유는 로마 황제를 신격화한 신상 앞에서 무조건 충성을 맹세해야 했던 시대적인 상황 때문이었던 것 같습니다.

이 과정을 통과하면 3년간의 예비자 교육을 받습니다. 교육이 끝날 때쯤, 예비자들은 세례를 받을 자격이 있는지 심사를 받습니다. 예비자 등록 심사에서는 결혼 생활, 성생활, 직업 등의 금지 사항들을 주로 검토했다면, 세례 대상자 선발 심사에서는 교육 기간 동안 생활 전반에서 발전이 있었는지를 알아봅니다. "예비자로 있는 동안 그들이 성실하게 살았는지, 과부들을 공경했는지, 병자들을 방문했는지, 온갖 종류의 선행을 했는지 (물어볼 것이다). 그들을 인도했던 사람들이 그들 각자에 대해 증언할 것이다."

그리고 예비자들은 금요일에 금식을 해야 합니다. 토요일에는 한곳에 모여 목사님과 함께 기도를 합니다. 그리고 주일에 "수탉이 울 시각에" 세례를 받습니다. 〈사도 전승〉에서는 샘에서 흘러나오는 물이나 위에서부터 흐르는 물에서 하기를 권유하지만, 불가피한 경우에는 현장에 있는 물을 사용해도 괜찮다고 합니다. 특이한 것은, 세례를 받는 사람들이 옷을 다 벗어야 한다는 것입니다. "아무도 다른 어떤 것을 걸치고 물에 내려가지 말아야 한다."

우리나라 초기 교회도 세례를 주기 전에 이렇게 엄격하게 교육하고 철저히 점검했습니다. 옥성득 교수의 연구에 의하면, 교회의 순수성을 지키기 위해 세례 전에 6개월 이상, 대개 1-2년 동안 복음서, 기본 교리서, 그리고 교회 생활 안내서로 교육하는 '학습' 제도를 1891년부터 공식적으로 채택했다고 합니다. 학습인은 책의 내용을 암기하고(십계명, 주기도문, 사도행전, 세례와 성찬이 무엇인가), 우상 숭배, 귀신 숭배, 조상 제사를 버리고, 주일을 성수하고, 바른 직업을 가지고(술장사 그만둠), 주색잡기(술, 첩질, 간음, 아편, 담배, 노름)를 끊고, 믿음의 열매로 전도한 사람이 두 명 이상 있어야 했으며, 세례 문답에 임했을 때 교리 질문에 바르게 답하고 직접 입으로 신앙을 고백해야 했습니다. 참고로, 1907년 새문안교회 당회록에 실린 세례 문답자에 대한 기록을 보면 여섯 명 중 오직 한 명만 문답을 통과했다고 합니다.

우리의 세례 교육을 생각해 보게 됩니다. 대부분의 교회에서는 몇 번의 교육만으로 세례 준비 과정을 마칩니다. 또 지식만 전달할 뿐 삶을 점검하는 시스템은 거의 갖추고 있지 않습니다. 오늘날 교회가 타락했다고 흔히들 말합니다. 교회가 교인을 받아들이는 과정, 그리고 세례 교육에 근본적인 문제가 있는 것은 아닌지 점검해 볼 필요가 있는 것 같습니다.

3) 성찬

(1) 화체설: 로마 가톨릭교회와 동방 정교회

로마 가톨릭교회는 화체설(Transubstantiation)을 주장한다. 화체설이란 성찬식을 집례하는 사제가 축성(거룩하게 구별하는 기도)할 때

떡과 포도주의 본질에 실제로 변화가 일어난다고 보는 교리이다.[36] 떡과 포도주를 화학적으로 분석해 보면 여전히 떡과 포도주이겠지만, 본질적으로는 실제 그리스도의 살과 피로 변화된다는 것이다. 로마 가톨릭교회에서는 반드시 올바르게 임명받은 사제만이 축성할 수 있다. 축성하지 않는다면 단지 떡과 포도주로 남아 있을 뿐이다. 로마 가톨릭교회는 이 화체설이야말로 "이것은 내 몸이다"라는 예수님의 선언을 가장 정확하게 설명할 수 있다고 주장한다.[37]

동방 정교회도 사제가 성체들을 축성할 때 그리스도의 보혈과 몸으로 변한다고 믿는 점에 있어서는 로마 가톨릭교회와 일치한다. 하지만 이들은 변화의 실질성은 주장하지만 변화의 방식을 설명하려고 하지는 않아서 '화체설'이라는 용어는 사용하지 않는다.[38] 동방 정교회의 입장에서 성찬식은 미스터리이므로 인간의 지성으로 설명할 수 없다는 것이다. 특히 동방 정교회는 교회론의 핵심을

---

36 가톨릭 교회 교리서 1376번은 트리엔트 공의회의 결정을 다음과 같이 인용한다. "빵과 포도주의 축성으로써 빵의 실체 전체가 우리 주 그리스도의 몸의 실체로, 포도주의 실체 전체가 그리스도의 피의 실체로 변화한다. 가톨릭 교회는 이러한 변화를 적절하고도 정확하게 실체 변화(Transsubstantiatio)라고 불러 왔다."
37 가톨릭 교회 교리서 1363번에 따르면 현재 로마 가톨릭교회는 화체설뿐 아니라 기념설도 긍정적으로 수용하고 있음을 알 수 있다. "성서적 의미의 기념은 과거의 사건들을 기억하는 것뿐 아니라 하느님께서 인간을 위해 이루신 놀라운 일들을 선포하는 것이다. 이러한 사건들을 전례적으로 기념할 때, 그 사건들은 어떤 방식으로 현재 실제로 일어나게 된다."
38 가이슬러, 『로마 카톨릭주의와 복음주의』, 370.

성만찬으로 본다. 그래서 이들은 교회를 '성례적 공동체'로 생각한다. 비록 '화체설'이라는 단어를 쓰지는 않지만, 성만찬을 통해 그리스도의 몸을 먹고 피를 마시기 때문에 교회를 그리스도의 성육신이 연장된 것으로 보는 것이다.[39]

(2) 공재설(실재설): 루터교회

루터의 성찬 이해는 일반적으로 공재설(Consubstantiation)이라고 부른다. 그리스도의 살과 피가 실제 떡과 포도주 "안에, 그것들과 함께, 그리고 그것들 아래에" 임재한다고 믿는 것이다.[40] 그러나 루터교회에서는 '실재설'(The Real Presence of Christ in the Supper)이라는 용어를 선호한다.[41] 이 견해는 로마 가톨릭교회의 교리와 대조적이다. 떡과 포도주 그 자체의 본질이 변한다고 믿는 화체설과 달리, 공재설은 떡과 포도주가 아무런 변화가 없이 그대로 떡과 포도주로 존재한다고 본다. 이렇게, 루터는 화체설을 단호히 거부했다. 그리고 성찬의 신비를 상징설로 설명하는 것도 반대했다. 루터는 그리스도의 말씀을 문자적으로 취하였기 때문에, 성찬에 그리스도의 몸과 피가 임재하지 않는다는 상징설을 받아들이지 않았다. 떡

39　이형기 외, 『교회 직제론』, 141.
40　루터의 대교리 문답(http://bookofconcord.org/lc-7-sacrament.php#para8).
41　'공재설'은 루터교회의 공식 교리서인 "루터의 교리 문답", "아우크스부르크 신앙고백서", 그리고 "일치 신조"에는 나오지 않는 용어이지만 일반적으로 통용되므로 설명의 편의를 위해 사용하겠다.

과 포도주가 그리스도의 몸과 피로 변화되는 것은 아니지만, 성찬에 임하는 이들은 분명히 떡과 포도주와 함께 그리스도의 몸과 피를 먹고 마시는 것이라고 믿었다. 그리스도의 인성이 떡 안에, 함께, 그리고 아래에 임재하기 때문이다.[42]

(3) 상징설: 침례교회

상징설은 기념설이라고도 부른다. 이 견해는 떡과 포도주가 단지 그리스도의 몸과 피를 상징할 뿐이라고 본다. 스위스의 종교 개혁자인 울리히 츠빙글리(Ulrich Zwingli, 1484-1531년)가 주장했으며, 침례교회가 이 견해를 받아들인다. 상징설에서는 "이것은 내 몸이다"라는 예수님의 말씀을 '이것은 내 몸을 의미한다'로 해석한다. 상징설에서 성찬의 역할은 결혼식 때 찍은 사진과 비슷하다. 사진 그 자체는 결혼식과 유사성이 없고 단지 과거의 모습을 보여 줄 뿐이지만, 사진을 보는 당사자는 과거의 기뻤던 순간을 회상하면서 즐거워하는 것처럼, 성찬식도 그러한 역할을 한다는 것이다. 떡을 보고 먹으면서 신자들은 그리스도의 죽음을 회상한다. 결국 각자의 믿음대로 그리스도를 영접하며 영적인 유익을 누릴 뿐이고, 떡이나 포도주에서 실제적인 무엇을 얻는 것은 아니라는 것이다.[43]

---

42 이성호, 『성찬, 천국잔치 맛보기』, 74.
43 이성호, 『성찬, 천국잔치 맛보기』, 71. 결혼식 사진 비유는 이 책의 설명을 그대로 인용했다.

침례교회는 아무리 기도를 해도 떡은 떡 그대로, 포도주는 포도주 그대로 남아 있다고 믿으며, 성찬을 이처럼 은유적인 표현으로 보는 것이 성경에 가장 가까운 견해라고 생각한다.

마르부르크 회담 결렬[44]

1529년 10월 1일 독일과 스위스의 종교 개혁자들이 마르부르크(Marburg)에서 모입니다. 독일에서는 루터와 그의 제자인 필립 멜랑히톤 등이, 스위스에서는 츠빙글리와 마르틴 부서 등이 참석합니다. 로마 가톨릭교회에 대항하여 종교 개혁의 연합을 이루기 위해서였습니다. 이들은 3일간 논의하며, 그리스도의 중보 사역, 믿음에 의한 칭의, 세례에 관한 문제 등 14개 조항에 대해서 의견의 일치를 보았습니다. 마지막 조항인 제15조에서도 화체설을 반대하고, 빵과 포도주 두 가지 성찬의 요소를 신자에게 주는 것이 옳다는 것에도 의견이 일치했습니다.

그러나 문제는 성찬의 의미를 놓고 심각한 이견을 보였다는 것입니다. 위에서 설명한 대로 루터는 공재설을, 츠빙글리는 상징설을 주장하였습니다. 사실 마르부르크에 모이기 전부터 루터와

---

44 오덕교, 『종교개혁사』, 171-175.

츠빙글리는 서로의 주장을 잘 알고 있었고, 여러 차례 그 주장을 비판하는 글을 쓰기도 했었습니다. 계속된 논쟁으로 감정이 좋지 않은 상태였지만, 교회의 연합이 필요하기 때문에 모였던 것입니다. 하지만 두 사람은 성찬의 의미에 대하여 이견을 좁히지 못한 채 헤어졌고, 끝내 화해도 하지 못했습니다. 루터는 츠빙글리와 그의 지지자들을 '적그리스도의 영'을 가진 자들이라고 비난했고, 이에 대항하여 츠빙글리는 루터가 로마의 대변자 요하네스 에크(Johannes Eck)보다 더 나쁘다고 말했습니다.

참으로 안타까운 일입니다. 이 일로 인해 결국 개혁자들의 연합이 무산되고 말았습니다. 만약 서로 연합했다면 기독교 역사가 어떻게 바뀌었을까요? 또 연합하지 못했더라도 서로를 그리스도 안에서 형제로 여기며 계속 협력했더라면 어땠을까요?

(4) 영적 임재설: 장로교회, 성공회, 감리교회, 성결교회, 오순절 교회

장로교회는 위의 세 가지 성찬론을 모두 반대한다. 칼뱅에 의하면 성찬은 그리스도의 과거 사역을 기념하는 것일 뿐 아니라, 실제로 그리스도로 말미암아 유익을 얻는 예식이다. 그러나 이 유익이 반드시 떡과 포도주가 그리스도의 몸과 피로 변하거나, 혹은 그리스도의 몸과 피가 떡과 포도주 옆에 임재해야만 가능하다고 생각하지 않았다. 그리스도의 몸과 피가 성찬에 임재하지 않고 하늘에

임재할지라도, 신자가 성찬에서 떡과 포도주를 받을 때 생명을 주는 감화를 그에게 전달한다는 것이다. 이 감화는 영적이고 신비적이지만, 성령에 의해 전달되는 실제적인 유익이다.[45] 영적 임재설을 올바르게 이해하려면 '영적 임재설'에서 '영적'이라는 단어가 실재적 임재와 반대되는 뜻이 아님을 알아야 한다. 영적 임재의 반대는 육체적 임재이다. '영적 임재'는 실재로는 임하지 않는다는 것이 아니라, 육체로는 임하지 않는다는 것이다. 그리스도의 육체는 하늘에 있어서 그의 살과 피가 성찬에 임재하지는 않지만, '영적'으로, 그리고 '실재적'으로 임하는데, 이 일은 성령의 역사로 가능하다. 그리스도의 영이 임하는 성찬은 성령의 역사가 임하는 성찬이다. 따라서 영적 임재설은 '성령 임재설'이라고 할 수도 있다.[46]

성공회, 감리교회, 성결교회, 오순절 교회도 이 견해를 따른다. 이들은 화체설이나 공재설과 같이 떡이 실제 그리스도의 몸으로 변하거나 그리스도의 몸이 성찬에 임재한다는 점을 거부하며, 성찬이 단순한 기념식이라는 점에도 반대한다. 성찬이란 영적인 방법에 따라 그리스도의 몸이 주어지고 이것을 신자들이 받아 먹는 예식이라고 생각한다.

---

45 벌코프, 『조직신학』, 918.
46 이성호, 『성찬, 천국잔치 맛보기』, 77-79.

3. 교회 정치 체제

교회 정치는 크게 감독 정치, 회중 정치, 장로 정치로 나뉜다. 감독 정치를 택한 교파는 로마 가톨릭교회, 동방 정교회, 성공회, 감리교회, 구세군이고, 회중 정치는 침례교회, 장로 정치는 장로교회와 성결교회이다. 루터교회와 오순절 교회는 편의상 혼합형 범주로 분류했다.

1) 감독 정치(Episcopal Polity)

감독 정치란 감독에게 권위가 있는 교회 정치 형태이다. 이 체제의 가장 큰 특징은 목사를 감독과 일반 목사의 두 계급으로 나누어 감독에게 상위의 권한을 준다는 것이다. 회중 교회와 장로교회에서는 목사가 오직 하나의 직분이라서, 목사라는 직분 안에서는 어떤 형태로든 계급이 존재하지 않는다. 이들은 신약성경에 나오는 감독과 목사가 동일한 대상을 가리키는 다양한 명칭이라고 생각한다. 감독제를 채택한 교회들은 감독과 목사가 다른 직분을 지칭한다고 본다. 그래서 목사 중에서 감독의 직분을 따로 구분한다. 감독제를 채택한 대부분의 교회가 이 감독의 직분도 여러 등급으로 나눈다.

(1) 로마 가톨릭교회

로마 가톨릭교회는 '성품 성사'(The Sacrament of Holy Orders) 성례에서 교황(Pope), 대주교(Archbishop), 주교(Bishop), 사제 혹은 신부(Priest), 그리고 부제(Deacon) 등의 성직자들을 세운다. 이 중 교황부터 주교까지가 개신교에서 말하는 감독 직분이다. 감독 중에서도 로마의 감독인 교황을 최고의 감독으로 인정한다. 교황은 대교구들을 관장하는 대주교들을 통해서 교회를 다스리며, 대주교들 아래에는 주교들이 있고, 그 밑에는 사제들이 있다.[47] 개신교의 목사 직분에 해당하는 사제는 감독에 해당하는 주교가 파견하고, 그는 주교의 권위에 의존하여 목회를 수행한다.[48]

그리고 성경에서 말하는 집사 직분을 개신교와 달리 성직자 직분으로 간주하여 부제라고 부른다. 이들은 설교를 하고 세례를 베풀고 성찬 때 분병을 하는 등의 업무를 수행한다. 부제는 일시적 부제와 종신 부제로 나뉜다. 일시적 부제는 사제가 되려고 준비하는 이들이 일시적으로 받는 직분이고, 종신 부제는 독신이든 기혼자이든 평생 부제로 사역하는 이들이 받는 직분이다. 종신 부제는 평일 낮에는 각자의 일터에서 일을 하고 주말이나 평일 저녁에만

---

47 에릭슨, 『교회론』, 99-100.
48 이형기 외, 『교회 직제론』, 129. 제2차 바티칸 공의회에서 선언된 "교회에 관한 교리 헌장"에는 이렇게 기록되어 있다. "사제들은 주교들의 사제직과 사명을 나누어 갖기 때문에 주교를 아버지처럼 공경해야 하고 주교의 말에 순종해야 한다. 그리고 주교들은 그들의 동역자인 사제들을 아들과 친구처럼 사랑해야 한다."

사역을 수행하기도 한다.[49]

로마 가톨릭교회는 전체적으로 각 서열에 따라 엄격한 상하 관계가 형성되어 있다.[50]

(2) 동방 정교회

동방 정교회도 로마 가톨릭교회와 비슷한 형태의 감독제를 채택했는데, 로마 가톨릭교회가 '교황' 중심의 계층 질서 체제라면, 동방 정교회는 '총대주교' 중심이다. 동방 정교회의 총대주교는 현재 터키 이스탄불에 위치한 콘스탄티노플 대교구의 주교이다. 콘스탄티노플은 로마 가톨릭교회와 동방 정교회가 분열할 당시 서로마 지역과 대립했던 동로마의 수도였다. 로마 가톨릭교회와 달리 콘스탄티노플, 알렉산드리아, 안디옥, 예루살렘, 러시아 등 동방 정교회의 총대주교들(Patriarchs)은 모두 독립적인 권한을 가지고 있다. 다만 콘스탄티노플 총대주교가 동방 정교회에서 특별히 명예로운 위치를 차지하여, 전 세계 총대주교 중에서 동등한 가운데 첫째(Primus inter Pares)라는 호칭을 부여받았다. 그렇다고 해서 그에

---

49 가톨릭 사전 웹사이트(http://maria.catholic.or.kr/dictionary/).
50 이형기 외, 『교회 직제론』, 121. 참고로, 제2차 바티칸 공의회 문서 중 "교회에 관한 교리 헌장"에서는 동방 정교회들, 성공회 및 개신교 안에도 구원이 있다는 사실을 천명했다. 그러나 이들이 로마 가톨릭교회의 '사도적 보좌'로부터 분리되어 있기에 온전한 교회로 볼 수는 없다고 한다. 특히 개신교가 가장 큰 결핍을 지니고 있음을 지적한다.

게 어떠한 문제를 결정할 권한이 있는 것은 아니다. 동방 정교회는 공의회를 통하여 현안들을 해결하고 결의한다.[51]

동방 정교회에는 주교와 사제, 그리고 로마 가톨릭교회의 부제 또는 개신교의 집사에 해당하는 보제라는 세 개의 계층이 있다. 로마 가톨릭교회처럼 주교들이 사도들의 계승자이고, 사제와 보제는 주교의 이름으로 행동을 한다. 그래서 오직 주교만이 서품을 줄 수 있다. 결혼한 사람도 서품을 받을 수 있도록 허용하지만, 6세기부터 주교는 오직 독신 사제(혹은 수도사) 중에서 선택되어 왔다. 사제와 보제의 후보자는 성직 서품 전에는 결혼할 수 있으나, 그 이후에는 금지된다.

(3) 성공회

성공회 내에는 교회 정체 체제에 대한 다양한 견해가 존재한다. 고교회파 전통에 속한 이들은 감독제가 교회의 존재에 꼭 필요하다고 주장한다. 하지만 저교회파는 성경적 기초를 가진 수많은 교회 정치 형태 중의 하나로 본다.[52] 영국 성공회의 역사에서 살펴보았듯이 성공회는 로마의 수위권을 거부하고 왕의 수위권을 내세우면서 시작되었다. 지금도 영국의 왕은 세속과 교회를 모두 다스리는 '영국 교회의 최고 통치자'(Supreme Governor)이다. 이 호칭이 오

---

51 이형기 외,『교회 직제론』, 138.
52 에릭슨,『교회론』, 97.

늘날까지 계속 이어져 오고 있기에, 현재 영국 성공회의 수장은 엘리자베스 2세이다. 영국을 제외한 나라에서는 보통 관구장 주교가 성공회를 대표하는데, 대표할 뿐 교회의 수장은 아니다. 상징적으로는 영국 캔터베리 대주교를 세계성공회의 대표로 본다. 영국은 성공회가 국교이기 때문에 주교를 내각 수상이 제청하고 국왕이 임명하지만, 영국 이외의 성공회에서는 대부분 교구 의회가 선출하고, 관구장과 주교들이 안수해서 주교로 세운다.[53]

한편, 로마 가톨릭교회, 동방 정교회, 성공회 성직자는 독신 유무에 차이가 있다. 성공회는 사제나 주교 모두 기혼자일 수 있다. 로마 가톨릭교회에서는 사제와 주교 모두 독신이어야 한다. 동방 정교회는 사제는 기혼자 중에서 뽑을 수 있고 주교는 독신자 중에서만 뽑을 수 있다.[54]

(4) 감리교회

감리교회에는 감독의 직분이 있기는 하지만 그 권한을 상당히 약화시켰다. 기독교대한감리회 헌법을 보면, 감독회장은 각 연회의 대표자들이 선출한다고 명시되어 있다. 의회 제도에 기초한 감독제인 것이다. 개별 교회의 상위에 있는 조직은 지방회-연회-총

---

53 대한성공회 커뮤니티(https://holynet.anglican.kr/43-성공회의-수장/).
54 대한성공회 커뮤니티(https://holynet.anglican.kr/36-사제와-부제-원로와-집사/).

회로 구성되어 있는데, 총회 의장은 감독회장, 연회 의장은 감독, 지방회 의장은 감리사라고 부른다. 감리사는 지방회의 행정적인 책임자이다. 그 자격 요건은 감리교회에서 목사 안수를 받고 정회원이 된 지 10년이 지나야 한다. 그리고 해당 지방회의 대표이기 때문에 그 지방을 잘 알아야 한다는 뜻에서, 그곳에서 2년 이상 목회를 해야 한다. 감독은 지역 연회의 최종 책임자이다. 지방회와 연회는 지역별 연례 회의인 반면, 총회는 2년에 한 번씩 개최되는 회의이다. 총회 의장은 4년 단임제이다. 감독회장 임기 중에는 개별 교회를 담임할 수 없다.[55]

우리나라 감리교회에는 특이하게도 '장로' 직분이 있다. 감리교회에서 장로는 원래 목회자를 부르는 호칭이었는데, 1949년 '교리와 장정'을 개정해 평신도 직제로서 장로를 공식화하면서 우리나라 감리교회에만 장로 직분이 생기게 되었다. 한편, 감리교회에만 있던 '권사'(Exhorter) 직분이 다른 교파로 전파되기도 했다. 미국에서 감리교회가 급격히 성장하던 시기에 바쁜 목회자들의 역할을 대신해 줄 평신도 사역자를 세운 것이 권사 직분이다. 미국 연합감리교회는 1939년에 이 직분을 폐지했지만, 우리나라에서는 오히려 1950년대 이후 거의 모든 교파로 전파되었다. 하지만 대다수의 교단에서는 감리교회와 달리 여성들만을 위한 직분으로, 남성만을

---

55 기독교대한감리회 홈페이지 및 교리와 장정 2019에서 요약함.

대상으로 하는 안수 집사에 대응하는 직분으로 변형되었다.

(5) 구세군

다른 감독제 교회들과 구별되는 구세군 조직의 특징은 군대식 지휘 체계를 갖추고 군대식 명칭을 사용한다는 것이다. 구세군을 창립한 윌리엄 부스는 효율적인 선교 및 구제 활동을 위해 이 체계를 도입하였다. 구세군은 현재 영국에 국제 본부가 있고 거기에 대장(General)과 참모 총장(Chief of the Staff)이 있다. 그리고 전 세계를 다섯 개의 지역(Zone)으로 나누어 운영하는데 한국 구세군은 이 중에서 아시아태평양부에 소속되어 있고, 공식 명칭은 '구세군대한본영'(The Salvation Army Korea Territory)이다.[56]

구세군은 군대 조직을 따르기 때문에 신자들을 병사(Soldier)라고 부른다. 정식 구성원이 되려면 예비병 교육과 병사 준비반 교육을 받은 후에 "구세군 병사 서약서"(The Articles of War)에 서명을 해야 한다. 다른 교파에서 성직자나 목사에 해당하는 전임 사역자는 사관(Officer)이라고 부른다. 그런데 처음부터 이러한 명칭을 사용한 것은 아니다. '기독교선교회' 소속 일라이자 캐드먼(Elijah Cadman)이 자신을 정위(Captain)라고 불렀는데 윌리엄 부스가 이 명칭을 승인한 것은 아니었다고 한다. 그러다가 이 선교회가 1878년에 '구

---

56 구세군대한본영 홈페이지에서 요약함.

세군'으로 명칭을 바꾸면서 군복(Uniform)이나 계급(Rank)과 같은 요소들이 필요하게 되었고, 이에 따라 각 직책도 자연스럽게 생겼다. 처음에는 스물여섯 개 이상의 직책이 있었으나 현재는 여섯 개의 직책만 사용한다. 사관을 보좌하는 평신도 직책은 하사관(Local Officer)이다. 구세군도 기본적으로는 감독제 구조이기 때문에 목사의 계급이 다양하게 나뉘어 있다. 목사는 2년간 사관 학교에서 훈련을 받아야 하고, 사관은 부위(Lieutenant) 계급으로 시작하여 5년이 되면 정위(Captain), 15년이 되면 참령(Major)으로 진급한다. 그 이상은 부정령(Lieutenant-Colonel), 정령(Colonel), 부장(Commissioner) 등의 계급으로 진급한다.[57]

2) 회중 정치(Congregational Polity)

(1) 침례교회

회중제는 교인 개개인의 역할을 강조하는 제도로, 자율성과 민주 정치라는 두 가지 개념에 그 기초를 둔다. '자율성'은 지역 회중이 자율적이고 독립적이라는 것을 의미한다. 그래서 개별 교회의 문제는 그 교회가 자체적으로 해결한다. 회중 정치를 추구하는 교회들도 연합체를 구성하고 교단을 구성하기도 한다. 하지만 교단

---

57 Merritt, *Historical Dictionary of The Salvation Army*, 415. 기독일보에 연재된 구세군 이야기(https://www.christiandaily.co.kr/news/53032)를 참고함.

의 결정을 반드시 따르지는 않는다. 조언을 주고받을 수 있고, 협력하여 사업을 진행할 수도 있지만, 상위 조직은 어떤 구속력도 갖지 않는다. 한편, '민주 정치'는 개별 교회에 속한 모든 회원은 그 회중의 업무에 참여할 권리가 있다는 것을 의미한다. 회중 정치에서는 회원 개개인이 직접 참여하는 교회 운영을 추구한다. 물론 회중제를 채택한 교회에서도 직분자들을 세우고 그들에게 일정한 권한을 부여하지만 다른 교파들에 비해 회중 개개인의 권리를 더 강조한다.[58]

앞서 침례교회의 기원에서 설명했듯이, 영국 청교도들은 성공회의 중도적 개혁에 반발했는데, 그중에서 강력한 개혁을 원하는 이들이 선택한 정치 체제가 회중제였다. 회중제를 선택한 일부가 침례교회를 세웠고, 침례교회로 분리되지 않은 청교도들은 회중 교회(Congregational Church)를 세웠다. 1620년 메이플라워호를 타고 미국 플리머스로 간 청교도들이 바로 이 회중 교회 교인들이었다. 이후 회중 교회는 미국에서 크게 발전한다. 그러나 미국 회중 교회가 한국에 선교사를 파송하지 않았기에 우리나라에서는 회중 교회가 잘 알려져 있지 않다. 우리에게 알려진 교파 중에는 침례교회가 이 정치 체제를 취한다.

침례교회에도 다른 교파들처럼 개별 교회 위에 상위 조직들이

---

58   에릭슨, 『교회론』, 110-113.

있다. 하지만 수직적 관계가 아니라 상호 협동의 관계이다. 이러한 회중제의 특성 때문에 침례교회는 개교회를 규제하는 통일된 헌법이나 신조 등을 인정하지 않는다. 그래서 공식적으로 인정하는 직분도 없다. 그러나 역사적으로 침례교회가 받아들인 몇 가지 신앙 고백을 통해 개요는 찾아볼 수 있다. 가장 오래된 신앙 고백은 1644년의 "제1차 런던 신앙 고백"(The First London Confession of Faith)이다. 여기서는 교회 직분을 목사, 교사, 장로, 집사로 구분했다. 1948년 "영국과 아일랜드 침례교 연합 협의회"(The Council of the Baptist Union of Great Britain and Ireland)의 선언문에서는 목사, 장로, 집사, 주일학교 교사와 교회 직원으로 세분화했다. 그런데 남침례회의 신앙 고백인 "침례교의 신앙과 메시지"(Baptist Faith and Message)에서는 목사와 집사만 인정한다.[59] 한국 침례교는 1950년에 미국 남침례교와 선교 협정을 맺으면서 남침례교를 따라 목사와 집사의 직분만 인정했다. 하지만 계속된 교회들의 요구로 2009년 기독교한국침례회 교단 총회에서 안수 집사를 장로로 호칭할 수 있는 호칭 장로제가 통과되어 교회별로 시행하고 있다.

---

59 이형기 외, 『교회 직제론』, 206-208.

조너선 에드워즈의 노샘프턴 회중 교회[60]

회중 교회는 우리나라에서는 잘 알려져 있지 않지만 미국에서는 꽤 규모가 큰 교단입니다. 1900년대 이후로 몇 차례 다른 교단과 통합되기도 했고 현재는 교세가 많이 약해졌지만, 뉴잉글랜드 지역에서는 오랫동안 가장 규모가 큰 개신교 교단이었습니다. (미국 북동부에 위치한 여섯 개 주를 '뉴잉글랜드'라고 부르는데요. 영국계 이민자가 많이 정착했기 때문입니다. 이들 다수가 회중제를 지지하는 '분리주의 청교도'였는데, 영국에서 시작되어 발전한 '청교도'와 구분하여 '뉴잉글랜드 청교도'라고 부르기도 합니다.) 1620년 플리머스에 도착한 뉴잉글랜드 청교도들을 중심으로 회중 교회가 크게 발전하게 되는데요. 이들은 1648년에 교회 정치 선언서인 "케임브리지 신앙 선언"(Cambridge Platform)을 발표하면서, "웨스트민스터 신앙 고백서"의 내용을 다 받아들이되 그중 장로제는 제외한다고 밝힙니다.

미국의 첫 번째 대각성 운동을 이끌었던 조너선 에드워즈가 목회한 교회가 바로 뉴잉글랜드의 노샘프턴(Northampton)에 있는 회중 교회입니다. 이 교회는 영국에서 건너와 노샘프턴에 정착한 청교도들이 1661년에 설립했습니다. 참고로 이 교회에서는

---

60 맥클리먼드, 맥더모트, 『한 권으로 읽는 조나단 에드워즈 신학』, 585-589.

예배당을 '교회'라고 부르지 않았습니다. 건물에만 하나님이 머물러 계신다고 오해할 수 있기 때문이라는데요. 대신 '모임 장소'(Meeting house)라고 불렀습니다.

에드워즈 당시 이 교회의 정치 체제는 어떠한 모습이었을까요? 에드워즈의 사임 결정 과정을 보면 잘 알 수 있습니다. 비록 형식적이라는 비판을 듣기는 하지만 장로교회에서는 목사의 사임을 노회가 결정합니다. 그러나 노샘프턴 교회에서는 단지 회중의 투표만으로 에드워즈의 목사직 사임을 결정했습니다. 회중 교회의 특징을 잘 보여 주는 장면입니다. (그나저나 이 투표에서 이백삼십 명 중 스물세 명만 에드워즈를 지지했다고 하니, 에드워즈가 큰 충격을 받았을 것 같습니다.)

하지만 당시 이 지역의 교회들은 온전한 형태의 회중 교회가 아니었습니다. 원래 회중 교회에서는 지역 교회를 넘어서는 협의회, 노회, 총회 등의 권위를 인정하지 않습니다. 이러한 공식적인 입장에도 불구하고 뉴잉글랜드 교회들은 목회자들의 협의를 통해 여러 문서를 작성하고 규칙들을 결정했습니다. 문제가 생길 때마다 목회자들이 모여 이슈를 논의하고 해결책을 모색했습니다. 에드워즈의 사임 때도 회중 투표를 할 것인지의 여부도 일종의 지역 협의회에서 결정했습니다. 사실 장로제의 핵심에 이러한 역할을 하는 노회가 있기 때문에, 뉴잉글랜드 회중주의는 실천적으로는 장로교회를 닮았다고 할 수 있습니다.

> 사임 후 에드워즈가 스코틀랜드의 존 어스킨(John Erskine) 목사에게 이런 편지를 보냅니다. "나는 오랫동안 이 땅에서의 교회 정치가 정착되지 못하고 독립적이며 혼란스러운 방식인 것에 완전히 싫증이 났다. 스코틀랜드 교회의 장로 정치가 매우 완벽해서 어떤 면에서든 수정할 것이 없다고 말할 수는 없지만, 장로교의 방식이 하나님의 말씀과 그 근거와 특성에 가장 일치하는 것 같다."[61] 에드워즈 자신도 교회 정치 체제에 대해 고민이 많았던 모양입니다.

3) 장로 정치(Presbyterian Polity)

(1) 장로교회

감독 정치에서는 목사를 감독과 목사의 두 계급으로 나누어 감독에게 상위의 권한을 주는 것과 달리, 장로 정치에서는 목사의 등급이 하나밖에 없다. 이 제도를 옹호하는 이들은 '장로'와 '감독'이라는 용어를 상호 교환적으로 사용할 수 있다고 주장한다. 장로교회에서는 그리스도의 권위가 교인 개개인에게 분배되었고, 그것을 교인들이 다시 장로에게 위임해 주었다고 이해한다. 그래서 장

---

61 맥클리먼드, 맥더모트, 『한 권으로 읽는 조나단 에드워즈 신학』, 588.

로는 교인들을 대표해서 직무를 수행하는 것이다.⁶² 장로와 목사는 그 역할에서는 차이가 있지만 서로 다른 등급은 아니다. 장로교회에서는 목사를 '가르치는 장로'라고 부르기도 한다. 목사를 장로의 역할도 하면서 가르치는 일에 특화된 직분으로 보기 때문이다.

장로회 정치는 회중의 대표자들로 구성된 대의(代議) 기관에 권한을 부여한다. 각 대의 기관에는 직분자들이 있고 심지어 의장도 있다. 직분자들의 유일한 권한은 그들을 임명한 단체의 결정들을 집행하는 것뿐이고, 직분자 개인에게는 아무 권한이 없다. 대의 기관의 가장 중요한 역할은 범죄한 교인과 직원을 권고하고 징계하는 치리(권징, Discipline)이다. 그래서 이 기관을 치리회라고 부른다. 장로교의 치리회는 세 개로 구성된다. 개별 교회에서의 치리회는 당회(Session)이다. 그리고 일정한 지역 내에 있는 교회들은 각 당회에서 파견된 장로들과 목사들로 구성된 노회(Presbytery)의 치리를 받는다. 가장 높은 단계에 있는 치리 기관은 총회(The General Assembly)이다.⁶³

(2) 성결교회

성결교회는 장로교회의 정치 체제를 다 갖추고 있다고 볼 수는 없지만, 그래도 장로제에 가장 가깝다. 초기에는 감독제로 시작했

---

62 에릭슨, 『교회론』, 104.
63 에릭슨, 『교회론』, 106-107.

지만 현재의 성결교회는 감독이 없고, 헌법에서 "우리 교회의 정치 제도는 신앙 양심을 기초한 대의 제도로 한다"[64]라고 밝히고 있다.

4) 혼합형

(1) 루터교회

루터는 '감독'과 '목사'가 서로 교환되는 용어라고 여기면서 원칙상 감독제를 부정했다. 그러나 실제로 택한 제도는 한마디로 규정하기가 어렵다. 초기에는 회중제를 옹호하는 듯했으나, 1525년 농민 전쟁 이후에는 영주와 협력하여 종교 개혁을 추진하면서 감독제를 택했다.[65] 그래서인지 루터교회는 각 나라의 상황에 맞추어 교회 정치 체제를 선택한다. 북미 지역의 많은 곳에서는 회중 정치 형태를 취하고 스웨덴이나 핀란드와 같은 스칸디나비아의 루터교회에서는 감독제를 택한다.[66]

(2) 오순절 교회

오순절 운동은 19세기 중반에 일어난 성결 운동에서 발전한 운동이다. 성결 운동은 그 뿌리를 웨슬리의 감리교회에 두고 있어서,

---

64 기독교대한성결교회 헌법, 1장 총강, 4조, 4항.
65 이형기 외, 『교회 직제론』, 178.
66 에릭슨, 『교회론』, 111.

오순절 교회의 정치 체제도 감리교회와 같은 감독제를 기본으로 취한다. 그러나 오순절 운동은 창립 지도자들의 배경과 상관없이 다양한 교파와 영향을 주고받으며 성장하면서 복잡하게 발전했기 때문에 다양한 전통이 결합되어 있다.[67] 순복음 교회가 속한 '하나님의성회'도 그러하다. 하나님의성회는 특히 침례교파에 크게 영향을 받았다. 그래서 세례의 방법으로 침수례를 하고, 유아 세례를 시행하지 않는다. 그리고 회중제를 채택하였다. 그러나 순수 회중제라기보다는 회중제와 장로제를 혼합한 형태를 취한다. 지역 교회 간의 문제를 처리할 때는 장로제와 비슷한 절차를 따른다.[68] 기독교대한하나님의성회 헌법을 보면 교회, 지방회, 실행 위원회의 순으로 상소 제도를 두고 있는데 이러한 것이 장로회적 요소라고 할 수 있다.[69] 교회 직분에는 장로, 권사, 안수 집사, 서리 집사가 있다. 다른 교단들과 구별되는 점은 장로와 권사, 그리고 안수 집사의 자격에 성령 세례의 체험이 포함되어 있다는 것이다.[70]

---

67 이형기 외, 『교회 직제론』, 215에 따르면, 오순절 교회 중에서 특히 완전 성결을 강조하는 교단들은 대체로 감독제를 택하고, 방언으로 대표되는 축복을 강조하는 교회들은 대체로 회중제를 따르는 경향을 보인다.
68 이형기 외, 『교회 직제론』, 197.
69 기독교대한하나님의성회 헌법(39조, 6항)을 보라. "징계의 선고를 받은 자가 부당하다고 생각할 때에는 일심 판결 후 14일 이내에 상소할 수 있으며 교회 건은 지방회에 지방회 건은 실행 위원회에 할 것이다."
70 기독교대한하나님의성회 헌법 43-45조.

IV

결론

1. 내용 요약

지금까지 로마 가톨릭교회, 동방 정교회, 개신교 교파의 형성 과정과 주요 교리를 간단하게 살펴보았다. 각 교파의 주요 교리는 크게 세 가지 범주로 구분했다.

첫 번째 범주는 구원에 있어서 하나님의 주권과 인간의 책임 사이의 관계에 관한 교리이다. 하나님의 주권을 좀 더 강조하는 개혁주의와 루터주의에는 장로교회, 루터교회가 속하고, 인간의 책임을 좀 더 강조하는 웨슬리주의에는 감리교회, 성결교회, 오순절 교회, 구세군이 속한다. 침례교회와 성공회는 양쪽의 교리를 모두 수용하는 공존형이다.

두 번째 범주는 성례에 대한 이해이다. 로마 가톨릭교회와 동방 정교회는 일곱 개의 성례를 받아들이지만, 개신교에서는 세례와 성찬, 두 개의 성례만을 인정한다. 개신교 중에서 구세군은 외적인 형태의 성례를 시행하지 않는다. 세례의 경우, 세례의 효과에 있어서 한쪽 편에는 로마 가톨릭교회와 동방 정교회가 있다. 이들은 세례가 구원을 가져오는 은혜의 수단이라고 믿는다. 다른 한쪽에는 침례교회가 있는데 이들은 세례가 단지 구원의 상징일 뿐이라고 믿는다. 대부분의 교파는 이 둘 사이에 위치해 있다. 세례의 방식에는 침수례, 점수례, 살수례, 주수례(관수례) 등이 있다. 대다수의 교파에서는 세례 방식을 중요하게 여기지 않고, 주로 살수례나 주수례를 행한다. 침례교회는 침수례만을 인정한다. 동방 정교회와 다수의 오순절 교회도 침수례를 행한다. 유아 세례의 경우, 대다수의 교파에서는 유아 세례를 시행한다. 외적인 의식으로의 성례 자체를 거부하는 구세군을 제외하면 침례교회와 대부분의 오순절 교회, 그리고 일부 성결교회에서만 유아 세례를 시행하지 않는다.

성찬에 관한 이해는 크게 네 가지로 구분할 수 있다. 로마 가톨릭교회는 화체설을 주장한다. 떡과 포도주의 본질이 각각 그리스도의 살과 피로 변화된다는 이론이다. 동방 정교회는 이 용어를 사용하지는 않지만 화체설과 동일하게 성찬을 이해한다. 루터교회는 공재설(실재설)을 주장한다. 그리스도의 살과 피가 실제 떡과 포도주 '안에, 그것들과 함께, 그리고 그것들 아래에' 임재한다는 이론이다. 침례교회는 상징설, 혹은 기념설의 입장을 취한다. 그리스도가 떡과 포도주에 실제로 임재하는 것이 아니라 그것들은 단지 그리스도의 몸과 피를 상징할 뿐이라는 견해이다. 영적 임재설은 장로교회, 성공회, 감리교회, 성결교회, 오순절 교회 등이 취하는 견해이다. 성찬은 그리스도의 과거 사역을 기념하는 예식이며, 실제로 그리스도로 말미암아 유익을 얻는 예식이라는 것이다. 그리스도의 몸과 피는 하늘에 계시지만, 성령을 통해, 신자가 성찬에서 떡과 포도주를 받을 때 생명을 주는 유익이 전달된다고 믿는다.

세 번째 범주는 교회 정치에 대한 이해이다. 교회 정치는 크게 감독 정치, 회중 정치, 장로 정치로 나뉜다. 감독제를 택한 교파는 로마 가톨릭교회, 동방 정교회, 성공회, 감리교회, 구세군이고, 회중제는 침례교회, 장로제는 장로교회와 성결교회이다. 루터교회와 오순절 교회는 혼합형이다.

다음의 표는 위의 내용을 참고로 해서 간략하게 정리한 것이다.

교리\교파	구원 이해[2]	성례 수	세례 이해 효능[4]	세례 이해 방식	세례 이해 유아 세례	성찬 이해[3]	교회 정치
로마 가톨릭교회	인간의 책임	7	3	다양	O	화체설	감독제
동방 정교회	인간의 책임	7	3	침수례	O	화체설	감독제
루터교회	하나님의 주권	2	2	다양	O	공재설 (실재설)	혼합형
장로교회	하나님의 주권	2	1	다양	O	영적 임재설	장로제
성공회	공존형	2	1	다양	O	영적 임재설	감독제
침례교회	공존형	2	0	침수례	X	상징설	회중제
감리교회	인간의 책임	2	1	다양	O	영적 임재설	감독제
성결교회	인간의 책임	2	1	다양	△	영적 임재설	장로제
오순절 교회	인간의 책임	2	1	침수례	X	영적 임재설	혼합형
구세군	인간의 책임	외적 의식으로서의 성례를 행하지 않음					감독제

1 독자가 이해하기 쉽도록 정리한 것이기에 아주 정확한 내용은 아님을 미리 밝혀 둔다.
2 구원에 있어서 하나님의 주권과 인간의 책임 사이의 관계에 관한 교리이다. 대부분의 교단은 두 가지를 모두 중요하게 여긴다. 여기서는 다른 교파와 비교했을 때 상대적으로 어느 쪽을 더 강조하는지를 나타낸다.
3 동방 정교회는 '화체설'과 같은 방식으로 이해하지만 이 용어를 사용하지는 않는다. '영적 임재설'은 이해를 돕기 위해 사용했을 뿐 표시한 모든 교파에서 '영적 임재설'이라는 용어를 사용하는 것은 아니다.
4 비교의 편의를 위해 최고 숫자를 3으로 정하고 세례 자체의 효과를 강조할수록 숫자를 높여 표현하였다.

2. 교파 공부 시 유의 사항

교파들의 차이점을 이해할 때는 다음과 같은 사항을 조심해야 한다.

첫째, 자신의 신앙이 특정한 교파의 전통 안에서 형성되었음을 인정해야 한다. 대부분의 교회는 어느 하나의 교파에 소속되어 있다. 그러므로 성도는 신앙생활을 하며 교파의 영향을 받지 않을 수 없다. 어떤 사람은 이 사실을 인정하지 않고, "나는 오직 성경만을 의지한다"라고 말한다. 이는 신문기자가 자기 기사만 객관적인 내용이고 다른 신문에 실린 글들은 그렇지 않다고 주장하는 것과 같다. 물론 모든 기사가 객관적이고 올바른 내용이면 좋겠지만 그것은 이상으로만 가능할 뿐이다. 기자 자신도 온전히 객관적이지 못함을 인정해야 좀 더 객관적으로 보도하기 위해 노력하는 것이 가능하다. 마찬가지로, 성도는 자신이 속한 교파의 전통을 무시하기보다는, 그 전통의 장단점을 분석하고 발전시키도록 노력해야 한다.

둘째, 교파의 통일을 추구하기보다 화합을 추구해야 한다. 이미 오랜 시간 동안 나뉜 채 발전한 교파들이 하나로 합쳐지기를 원하는 것은 현실적이지 않을뿐더러 올바르다고 볼 수도 없다. 할례파와 무할례파가 분쟁을 일으키던 고린도 교회를 향한 바울의 권면은 끝장 토론을 해서 의견의 일치를 보라는 것이 아니었다. 서로의 차이점은 그대로 두되 중요한 것에 있어서는 하나가 되라는 것이었다. "할례자로서 부르심을 받은 자가 있느냐 무할례자가 되지 말며 무할례자로 부르심을 받은 자가 있느냐 할례를 받지 말라 할례 받는 것도 아무 것도 아니요 할례 받지 아니하는 것도 아무 것도 아니로되 오직 하나님의 계명을 지킬 따름이니라"(고전 7:18-19). 교파를 대하는 태도에 있어 문제는 교리 내용의 차이가 아니라 그 차이로 인해 서로 다른 전통에 있는 형제들을 주님 안에서 한 형제로 인정하지 않는다는 것이다. 비록 어떤 지점에서는 동의하기 어려울지라도 서로 한 형제라는 사실을 기억하고 함께한다면 이 현실이 그리 부정적이지만은 않다. 오히려 더 풍성하게 신앙의 신비를 밝히며 교파 각각의 장점을 더 발전시키고 약점을 보완할 수 있다. 복음의 핵심에 해당되는 내용에 차이가 있지 않다면 나와 다른 타 교파의 신념을 인정하고 존중하면서 한 형제자매로 지낼 수 있다.

셋째, 교파 간의 차이점을 너무 크게 부각시키고 공통점을 축소해서는 안 된다. 모든 교파는 다 복음을 믿는다. 삼위일체 하나님에 대해 잘 정리해 놓아 초대 교회 때부터 신앙의 기초로 여겨진 사도 신경과 니케아-콘스탄티노플 신조를 다 받아들인다. 우리 인간이 죄인인 것과 그로 인한 비참함을 받아들인다. 예수님께서 이 땅에 오셔서 십자가에 매달려 돌아가심으로써 우리의 죄를 해결해 주시고 부활하셔서 우리에게 영생을 선물로 주셨다는 사실을 믿는다. 그리고 이 사실이 기록된 성경이 하나님의 말씀임을 믿는다.

이 복음의 공통점은 너무나 커서 다른 사소한 차이점을 덮고도 남는다.

비록 이 책에서는 교파 간의 차이점을 비교하였지만, 공통점이 더 크다는 사실을 꼭 기억하면서 내용을 살펴보기를 당부한다.

교파별 주요 사건 연대표

⟨1-15세기: 로마 가톨릭교회, 동방 정교회 주요 사건⟩

연도	동의하는 공의회	분열의 원인
325	제1차 니케아 공의회	
381	제1차 콘스탄티노플 공의회	
431	에베소 공의회	
451	칼케돈 공의회	
553	제2차 콘스탄티노플 공의회	
589		톨레도 종교 회의 (필리오케 조항 삽입)
680-681	제3차 콘스탄티노플 공의회	
787	제2차 니케아 공의회	
869-870		제4차 콘스탄티노플 공의회 (콘스탄티노플 대주교 파문)
1054		동방, 서방 교회 상호 파문
1202-1204		제4차 십자군 운동

〈16-17세기: 루터교회, 장로교회, 성공회, 침례교회 형성기 주요 사건〉

시기	루터교회	장로교회	성공회	침례교회
16세기	1517 루터 95개조 반박문 게시 1521 보름스 의회 1529 마르부르크 회담 결렬 1530 아우크스부르크 신앙 고백서 작성 1577 일치 신조 작성	1536 칼뱅 『기독교강요』 초판 출판, 1차 제네바 목회 1541 칼뱅 2차 제네바 목회 1559 제네바 아카데미 설립 1560 스코틀랜드 신앙 고백서, 제일치리서 작성	1534 수장령 발표 1543 에드워드 6세 즉위 1553 42개 신조 작성 1558 엘리자베스 1세 즉위 1563 39개 신조 작성	1527 재세례파 슐라이트하임 신앙 고백서 작성
17세기		1643-1649 웨스트민스터 총회(신앙 고백서, 대·소요리문답)		1609 첫 번째 침례교회 설립 1638 첫 번째 특수 침례교회 설립 (1891 양 교단 통합)

〈18-20세기: 감리교회, 성결교회, 구세군, 오순절 교회 형성기 주요 사건〉

시기	감리교회	성결교회	구세군	오순절 교회
18세기	1738 웨슬리 형제 회심 1744 첫 연회 조직 1771 프랜시스 애즈버리 미국 파송 1784 미국 크리스마스 콘퍼런스			
19세기		1821 찰스 피니 회심 1837 피비 파머 두 번째 축복 경험 1881 최초의 성결교파 교회(Church of God) 설립 1897 C&MA 결성	1865 기독교선교회 설립 1878 구세군으로 개명 1896 자선 냄비 사역 시작	
20세기		1901 카우만, 길보른 일본에서 동양선교회 창설 1907 조선야소교 동양선교회		1901 애그니스 오즈먼 방언 체험 1906 아주사 거리 부흥 운동 1914 하나님의성회 설립

참고 문헌

가이슬러, 노만. 『로마 카톨릭주의와 복음주의』. 라은성 옮김. 서울: 그리심, 2003.
곤잘레스, 후스토. 『초대교회사』. 서영일 옮김. 서울: 은성, 1987.
곤잘레스, 후스토. 『중세교회사』. 엄성옥 옮김. 서울: 은성, 2012.
그렌츠, 스탠리 외. 『신학 용어 사전』 ebook. 진규선 옮김. 서울: 알맹e, 2018.
김기련. "종교개혁 이전의 개혁자들." 『신학과 현장 제6집』. 1996.
김성봉. "재세례파에 대한 칼빈의 비판." 개혁주의 학술원, 1996년 개신연 하기 수양회 자료.
남병두. 『기독교의 교파: 그 형성과 분열의 역사』 ebook. 서울: 살림, 2006.
놀, 마크. 『터닝 포인트』. 이석우 옮김. 서울: 도서출판 CUP, 2007.
놀, 마크. 『복음주의 발흥』. 한성진 옮김. 서울: CLC, 2012.
루터, 마르틴. 『마르틴 루터 95개 논제』 ebook. 최주훈 옮김. 서울: 감은사, 2019.
루터, 마르틴. 『마르틴 루터 소교리문답·해설』 ebook. 최주훈 옮김. 서울: 복있는 사람, 2019.
맥클리먼드, 마이클., 맥더모트, 제럴드. 『한 권으로 읽는 조나단 에드워즈 신학』. 임요한 옮김. 서울: 부흥과 개혁사, 2015.
벌코프, 루이스. 『조직신학』. 권수경, 이상원 옮김. 서울: 크리스챤다이제스트, 2001.
베빙턴, 데이비드. 『복음주의 전성기』. 채천석 옮김. 서울: CLC, 2012.
스위니, 더글라스. 『복음주의 미국 역사』. 조현진 옮김. 서울: CLC, 2015.
에릭슨, 밀라드. 『교회론』. 이은수 옮김. 서울: CLC, 1992.
오덕교. 『장로교회사』. 수원: 합동신학대학원출판부, 2006.
오덕교. 『종교개혁사』. 수원: 합동신학대학원출판부, 2005.

우병훈. 『처음 만나는 루터』. 서울: IVP, 2017.
올프, 존. 『복음주의 확장』. 이재근 옮김. 서울: CLC, 2010.
이재근. 『세계 복음주의 지형도』. 서울: 복 있는 사람, 2015.
이성호. 『성찬, 천국잔치 맛보기』. 서울: 그라티아, 2016.
이형기 외. 『교회 직제론』 서울: 예영커뮤니케이션, 2012.
칼빈, 존. 『기독교 강요』. 원광연 옮김. 서울: 크리스챤다이제스트, 2003.
캐픽, 켈리 M., 럭트, 웨슬리 밴더. 『개혁신학 용어 사전』 ebook. 송동민 옮김. 서울: 알맹e, 2018.
패커, 제임스. 『알미니우스주의』. 이스데반 옮김. 서울: CLC, 2019.
황희상. 『특강 종교개혁사』. 서울: 흑곰북스, 2016.
히뽈리뚜스. 『사도 전승』. 이형우 옮김. 서울: 분도출판사, 1992.

Ahlstrom, Sydney E. *A Religious History of the American People*. vol. 1. New Haven: Yale University Press, 1975.

Gritsch Eric W., Jenson Robert W. *Lutheranism*. Philadelphia: Fortress Press, 1989.

Merritt, Major John G. *Historical Dictionary of The Salvation Army (Historical Dictionaries of Religions, Philosophies and Movements)*. Lanham: Scarecrow Press, 2006.

Nassif, Bradley. et al., *Three Views on Eastern Orthodoxy and Evangelicalism*. Michigan: Zondervan, 2004.

Noll, Mark., Nystrom, Carolyn. *Is The Reformation Over?* Michigan: Baker Academic, 2006.

Wesley, John. *A Plain Account of Christian Perfection*. London: The Epworth Press, 1952.

Wynkoop, Mildred Bangs. *Foundations of Wesleyan-Arminian Theology*. Kansas: Beacon Hill Press of Kansas City, 1967.

웹사이트

가톨릭 교회 교리서 https://cbck.or.kr/Documents/Catechism
구세군대한본영 홈페이지 http://www.salvationarmy.kr/salvation/creed.php
국제 구세군 교리 https://www.salvationarmy.org/doctrine/doctrines
기독교대한감리회 교리와 장정 2019 https://kmc.or.kr/combination-resources/dd2019
기독교대한감리회 홈페이지 https://kmc.or.kr
기독교대한성결교회 헌법 http://www.kehc.org/site_resource/files/constitution_201609.pdf
기독교대한성결교회 홈페이지 http://www.kehc.org
기독교대한하나님의성회 헌법 http://www.korea-ag.com/img/헌법.pdf
기독교대한하나님의성회 홈페이지 http://agk.or.kr/sub101.php
기독교한국루터회 법규집 http://info.lck.or.kr/wp/법규집/#
기독교한국루터회 홈페이지 http://info.lck.or.kr/wp/
기독일보에 연재된 구세군 이야기 https://www.christiandaily.co.kr/news/53032
노샘프턴 회중 교회 http://www.firstchurches.org/welcome/history/
대한기독교나사렛성결회 홈페이지 https://na.or.kr/bbs/content.php?co_id=intro_faith
대한성공회 분당교회 홈페이지 39개 신조 번역 https://www.skhbundang.or.kr/557
대한성공회 서울 교구 https://seoul.anglican.kr/archives/17933
대한성공회 커뮤니티 https://holynet.anglican.kr/98-39개조-①/
대한성공회 홈페이지 https://www.skh.or.kr
대한예수교장로회 총회 홈페이지 http://gapck.org
루터교회 신조들 http://bookofconcord.org
미국 아나뱁티스트 마을 소개 사이트 https://mennohof.org/

박명수, '성결교회 신학의 정체성과 과제.' 성결신학연구소 http://sgti.kr 자료

옥성득 교수의 한국 기독교 역사 블로그 https://koreanchristianity.tistory.com/263

웨슬리 온라인 센터 http://wesley.nnu.edu/other-theologians/henry-orton-wiley/h-orton-wiley-christian-theology-chapter-32/

침례교의 신앙과 메시지 2000 https://bfm.sbc.net/korean/

침례신학연구소 https://kbti.or.kr/2019/05/침례교회의-자랑스러운-기원-1

한국 아나뱁티스트 센터 https://kac.or.kr/아나뱁티스트/신학적-특징/

한국 정교회 홈페이지 https://www.orthodoxkorea.org/정교회-소개/